DAS WELTALL

© VEMAG Verlags- und Medien Aktiengesellschaft, Köln
Gesamtherstellung: VEMAG Verlags- und Medien Aktiengesellschaft, Köln
Alle Rechte vorbehalten
ISBN 3-8299-4117-X

Umsetzung: Thema media GmbH unter Mitwirkung der Autoren
Dr. Stefan Deiters
Marcus Piorkowski

DAS WELTALL

INHALT

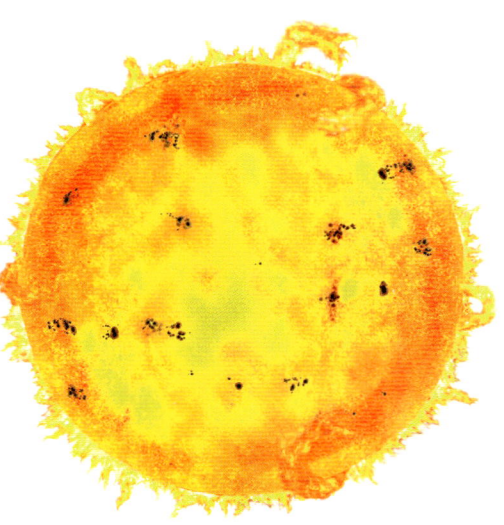

ASTRONOMIE

Der Himmel hat die Menschen schon immer fasziniert. Die entfernten Lichter schienen Botschaften der Götter zu sein. Durch genaue Beobachtungen erkannte man aber bald gewisse Regelmäßigkeiten, unterschied die Planeten und konnte astronomische Ereignisse vorhersagen. Doch erst vor rund 500 Jahren gelang die entscheidende Entdeckung: Die Erde ist nur ein Planet von vielen, der sich um die Sonne dreht. Die Erfindung des Teleskops machte dann ganz neue Beobachtungen möglich. Man entdeckte weitere Planeten und begann damit, Sterne mit neuen Methoden zu erforschen. Die Astronomie wurde zu einer modernen Wissenschaft.

Was ist Astronomie?

Astronomie (griech. „Sternkunde") ist die Lehre von den Himmelskörpern. Schon vor 5000 Jahren beobachtete der Mensch mit bloßem Auge die Bewegung von Sonne, Mond und Sternen. Heute lässt sich das Universum von Sternwarten aus mit modernsten Hilfsmitteln in millionenfacher Vergrößerung beobachten.

Was ist Astrologie?

Die Deutung der Sterne nennt man Astrologie. Astrologen berechnen aus der Stellung, die die Sterne zur Geburtsstunde eines Menschen eingenommen haben, ein Horoskop, aus dem hervorgehen soll, wie dessen Leben verläuft. Mit der modernen Astronomie hat die Astrologie kaum noch etwas gemein.

Was ist ein Observatorium?

Oberservatorien sind Sternwarten zur Beobachtung von Himmelskörpern. Große Observatorien stehen meist auf Bergen, wo die Luft sehr klar ist, und fernab von Städten, weil deren Licht in der Nacht die Himmelsbeobachtung beeinträchtigt.

Warum gibt es in Äquatornähe besonders viele Observatorien?

Am Äquator kann man fast alle hellen Sterne der nördlichen und der südlichen Hemisphäre sehen. Auch Raumfahrtzentren liegen oft nahe des Äquators: Die Drehgeschwindigkeit der Erde ist dort sehr hoch, was Raumschiffstarts begünstigt.

Die erhöhte Beobachtungsposition auf einem Berggipfel bringt einem Astronomen vor allem den Vorteil, dass er in der dünnen, klaren Luft kaum Beeinträchtigungen durch die Erdatmosphäre in Kauf nehmen muss.

Ùm die Planetenbewegungen anschaulich darzustellen, schuf man besondere Geräte, so genannte Planetarien. Ursprünglich handelte es sich dabei um einfache mechanische Modelle. Das erste Modell wurde um 220 v. Chr. von Archimedes konstruiert und gebaut. Heute versteht man unter einem Planetarium einen kuppelförmigen, verdunkelten Raum, an dessen Decke die Himmelserscheinungen mit Scheinwerfern dargestellt werden. Planetarien dienen Lehrzwecken, um Sterne, Sonne, Mond und Planeten sowie deren Bewegungen naturgetreu darzustellen.

Was ist ein Planetarium?

Der altgriechische Astronom Thales berechnete bereits 585 v. Chr. vollkommen richtig, dass eine Sonnenfinsternis stattfinden würde. Das war ungefähr 2000 Jahre vor der Erfindung des ersten Teleskops. Anstelle von Teleskopen hatten die damaligen Astronomen nur einfache Instrumente zur Verfügung, mit denen sie die Höhe von Sonnen, Sternen und Planeten messen konnten.

Hatten die ersten Astronomen auch schon Teleskope?

Observatorien mit optischen Teleskopen besitzen zumeist eine Kuppelkonstruktion, um die Beobachtungen vor störenden Lichteinflüssen zu schützen.

Die Zahl der Sterne im Universum ist unvorstellbar groß. Aktuelle Schätzungen belaufen sich auf über 70 Trilliarden – eine Sieben mit 22 Nullen. Am gesamten Nachthimmel sind etwa 6000 Sterne mit bloßem Auge zu erkennen, davon nur ungefähr 2000 auf einmal. Die meisten sichtbaren Sterne stammen aus unserer Milchstraße.

Wie viele Sterne gibt es?

Dabei handelt es sich um den mittleren Abstand zwischen Erde und Sonne. Das entspricht in etwa 149,59787 Millionen Kilometern. Diese Einheit wird verwendet, um die riesigen Entfernungen im Sonnensystem zu veranschaulichen. So beträgt z. B. der Abstand des Planeten Merkur zur Sonne 0,387 AE (ca. 58 Millionen Kilometer), während der Saturn in einer Entfernung von über 9,5 AE – also etwa 1 Milliarde 432 Millionen Kilometern – seine Bahn zieht.

Was ist eine „astronomische Einheit" (AE)?

Was ist ein geozentrisches Weltbild?

Beim „geozentrischen" Weltbild steht die Erde im Mittelpunkt des Univerums. Es geht zurück auf die alten Griechen. Schon Pythagoras (etwa um 570–500 v. Chr.) vermutete, dass die Erde eine Kugel sei. Aristoteles (384–322 v. Chr.) schloss aus seinen Beobachtungen des Himmels, dass alle Gestirne um die Erdkugel rotieren müssten. Ptolemäus, ein griechischer Astronom, schließlich war es, der diese Erkenntnisse zu einem Weltbild zusammenfasste. Zu seinen Ehren wird es häufig auch als „ptolemäisches Weltbild" bezeichnet. Es hatte für mehr als 2000 Jahre Bestand, ehe der polnische Astronom Nikolaus Kopernikus (1473–1543) sein „heliozentrisches" Weltbild präsentierte, bei dem die Sonne im Mittelpunkt des Universums steht – damals eine Behauptung, die einer Gotteslästerung gleichkam.

Forscher vermuten, dass die gewaltigen Steine von Stonehenge als Kalender dienten.

Wer entdeckte, dass sich die Erde um die Sonne dreht?

Vermutungen dazu gab es schon bei den alten Griechen. Bereits um 206 v. Chr. herum behauptete der Astronom Aristarchos von Samos, dass sich die Erde und alle fünf bis dahin bekannten Planeten um die Sonne drehten. Die Bevölkerung glaubte allerdings bis ins Mittelalter fest an das geozentrische Weltbild, da Aristarchos seine Thesen nicht beweisen konnte. Erst nach der Erfindung der Teleskops gelang es den beiden Astronomen Nikolaus Kopernikus und Galileo Galilei, diese These durch eigene Beobachtungen und Berechnungen zu untermauern.

Wer war Galileo Galilei?

Galileo Galilei war ein italienischer Astronom und Physiker (1564–1642). Als einer der ersten Astronomen überhaupt nutzte er das soeben erfundene Teleskop zur Beobachtung des Himmels. Galileo entdeckte die vier größten Monde des Jupiter und fand heraus, dass es Berge auf dem Mond gibt. Wegen seines vehementen Eintretens für das heliozentrische Weltbild von Kopernikus wurde er von der Inquisition jahrelang unter Hausarrest gestellt.

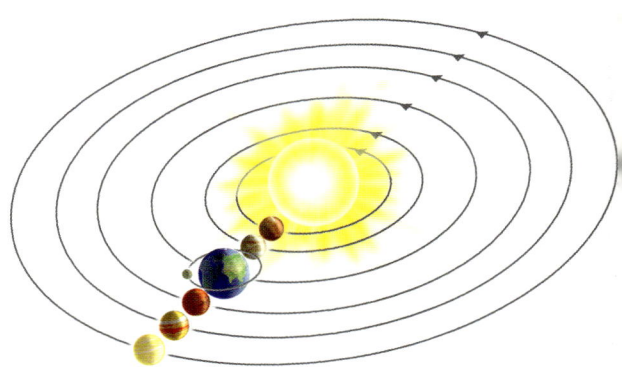

Seine Beobachtungen des Sternenhimmels brachten Nikolaus Kopernikus zu der Überzeugung, dass alle fünf zu seiner Zeit bekannten Planeten um die Sonne und nicht um die Erde kreisen.

Die Astronomen im alten China haben den Himmel außerordentlich gründlich beobachtet: Schon viele Jahrhunderte vor Christus notierten sie sorgfältig Finsternisse, Kometen und Meteore. Im Jahr 1054 n.Chr. erschien plötzlich ein neuer Stern am Himmel, der zwei Jahre lang sogar tagsüber zu sehen war. Heute weiß man, dass die chinesischen Astronomen Zeugen einer Supernova-Explosion wurden, deren Überreste man noch heute mit Teleskopen sehen kann.

Galilei war der erste Astronom, der seine Beobachtungen mithilfe eines Teleskops tätigen konnte.

Wann wurde der erste Planet entdeckt?

Die sonnennächsten Planeten Merkur, Venus, Mars, Jupiter und Saturn kennt man bereits seit der Antike, denn sie sind mit bloßem Auge zu erkennen. 1781 entdeckte der britische Hofastronom Wilhelm Herschel dann mit dem Teleskop erstmals einen neuen Planeten, dem er zu Ehren des englischen Königs den Namen „George Sidus" geben wollte. Weil jedoch alle Planeten des Sonnensystems nach Figuren der römischen Mythologie benannt werden mussten, wurde der Planet schließlich auf den Namen Uranus getauft.

Worin besteht das Geheimnis von Stonehenge?

Steinkreise, wie das berühmte Stonehenge in Großbritannien, dienten nach heutigen Erkenntnissen vor allem als Kalender. Mit den Steinen wurden die Sonnenauf- und die -untergangspunkte zu verschiedenen Zeiten des Jahres markiert sowie der Lauf des Mondes. Diese Markierungen erlaubten es den frühen Astronomen, Aussaat- und Erntezeiten präzise zu bestimmen. Auch so wichtige Ereignisse wie Sonnen- und Mondfinsternisse ließen sich mithilfe dieser Steinkreise mit hoher Genauigkeit vorhersagen.

Wer war Edwin Hubble?

Edwin Hubble (1889–1953) befasste sich als einer der ersten Astronomen mit der Erforschung anderer Sternsysteme und entdeckte dabei auch, dass das Universum sich ständig weiter ausdehnt. Nach ihm ist das berühmte Hubble-Weltraumteleskop benannt, dass seit den 1990er-Jahren beeindruckende Bilder aus dem All liefert.

Wer erkannte zuerst, dass die Erde eine Kugel ist?

Dass die Erde eine Kugelform besitzt, wurde schon von den alten Griechen gelehrt. So bestimmte bereits Eratosthenes vor rund 2200 Jahren den Umfang der Erde bis auf wenige Prozent genau. Christoph Kolumbus stützte sich bei seiner Entdeckungsreise nach Indien – bei der er dann Amerika entdeckte – auf die Berechnungen von Eratosthenes.

Welche Rolle spielte der Kalender?

Als der Mensch anfing, in Staaten zu leben, wurden Kalender ein zentrales Werkzeug zur Festlegung von Terminen. Mit der Beobachtung des Himmels begann man nicht zuletzt, um genaue Kalender erstellen zu können

Konnten die Babylonier Mondfinsternisse vorhersagen?

Die Babylonier begannen schon viele Jahrhunderte vor Christus mit der genauen Beobachtung des Himmels. Sie erstellten Kalender, die sich am Umlauf des Mondes orientierten, und sie entwickelten auch Tafeln, mit denen man das Auftreten von Mondfinsternissen vorhersagen konnte.

Was ist der Almagest?

Almagest ist der verstümmelte Titel der arabischen Übersetzung des Hauptwerkes des griechischen Astronomen Ptolemäus aus dem 2. Jahrhundert n. Chr. Es ist das größte astronomische Werk der Antike.

Was sind die Verdienste von Johannes Kepler?

Kepler (1571–1630) erkannte als Erster, dass sich die Planeten nicht auf exakten Kreis-, sondern auf Ellipsenbahnen um die Sonne bewegen – eine Erkenntnis, die allen damals gängigen Theorien widersprach.

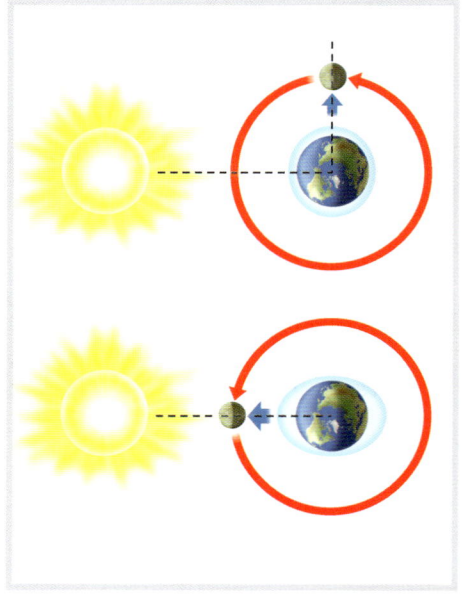

Viele frühe Kalender orientierten sich am Mond, denn anhand des Umlaufs des Erdtrabanten ließen sich Gezeiten und Überflutungen bestimmen.

Das Teleskop, mit dessen Hilfe Wilhelm Herschel den Uranus entdeckte, besaß einen Spiegeldurchmesser von 4,20 Metern.

Schon früh begann man, zur Betrachtung einzelner Sterne – vor allem der Sonne – verschiedenfarbige Filter zu verwenden, um bestimmte Phänomene genauer beobachten zu können.

Wie gelang Kepler seine Entdeckung?

Johannes Kepler hatte das Glück, dass ihm detaillierte Beobachtungen über die Positionen des Mars vorlagen. Schon seit geraumer Zeit versuchten nämlich vieler seiner Kollegen vergeblich, die Position des Mars im Voraus zu berechnen. Kepler erkannte jedoch als Erster, dass sich die Bahn des Mars nur erklären ließ, wenn man von einer elliptischen Umlaufbahn ausging.

Welche Bedeutung hatte Isaac Newton für die Astronomie?

Sir Isaac Newton, der von 1642 bis 1727 lebte, hat wie wohl kaum ein anderer unser physikalisches Weltbild beeinflusst. So konnte man etwa erst durch Newtons Gravitationsgesetz verstehen, warum sich Planeten so bewegen, wie es Kepler in seinen Gesetzen zuvor beschrieben hatte.

Wann entstand die Astrophysik?

Über viele Jahrhunderte bestand Astronomie im Wesentlichen aus der exakten Bestimmung und der Vorhersage der Position von Sternen und Planeten. Um die Mitte des 19. Jahrhunderts änderte sich das: Man verwendete zunehmend physikalische Methoden, um etwas über astronomische Objekte zu erfahren. So nahm man beispielsweise Spektren der Sonne auf: Die neue Wissenschaft der Astrophysik war geboren.

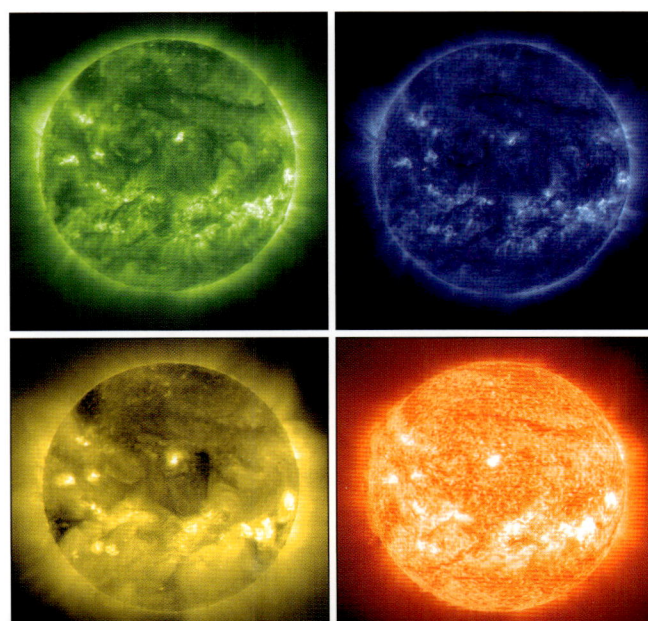

Wieso sieht man mit einem Teleskop in die Vergangenheit ?

Bei einem Blick durch ein Teleskop sieht man Galaxien, die viele Millionen Lichtjahre von der Erde entfernt sind. Das heißt, dass das Licht Millionen Jahre gebraucht hat, um die Erde zu erreichen. Daher sehen wir diese Galaxien nicht so, wie sie heute sind, sondern so, wie sie vor Millionen von Jahren aussahen.

Was ist ein Linsenteleskop?

Ein Linsenteleskop ist im Prinzip ein Fernrohr: Durch eine Linse am vorderen Ende wird ein auf dem Kopf stehendes Bild eines weit entfernten Objektes erzeugt, das dann durch ein Okular, das dem Beobachter als eine Art Lupe dient, betrachtet wird. Man kann das umgekehrte Bild mit Hilfe weiterer Linsen wieder aufrichten, doch das verschlechtert die Leistung des Teleskops, sodass man dies nur bei Geräten macht, die man für Beobachtungen auf der Erde einsetzt.

Was ist ein Spiegelteleskop?

Bei einem Spiegelteleskop wird das Licht von einem Hohlspiegel eingefangen, der einen Durchmesser von mehreren Metern erreichen kann. Das Bild wird dann mit Hilfe eines Planspiegels und eines Okulars betrachtet. Heute sind nahezu alle professionellen Teleskope Spiegelteleskope.

Das Licht entfernter Galaxien braucht Millionen Jahre, um die Erde zu erreichen. Sterne, deren Geburt gerade beobachtet wird, können also in Wirklichkeit schon längst erloschen sein.

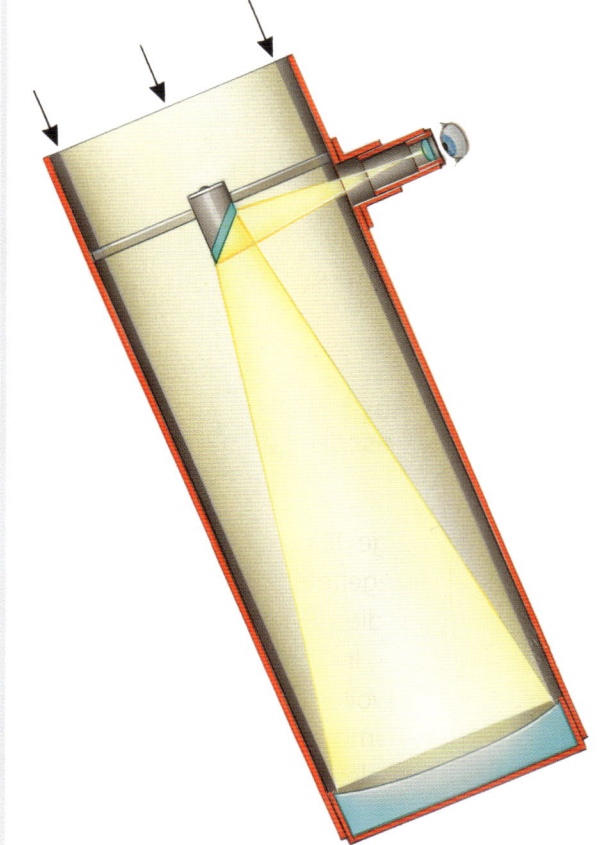

In einem Spiegelteleskop werden die einfallenden Lichtstrahlen gebündelt und auf das Auge des Betrachters umgelenkt. Auf diese Weise entstehen Bilder von sehr hoher Qualität.

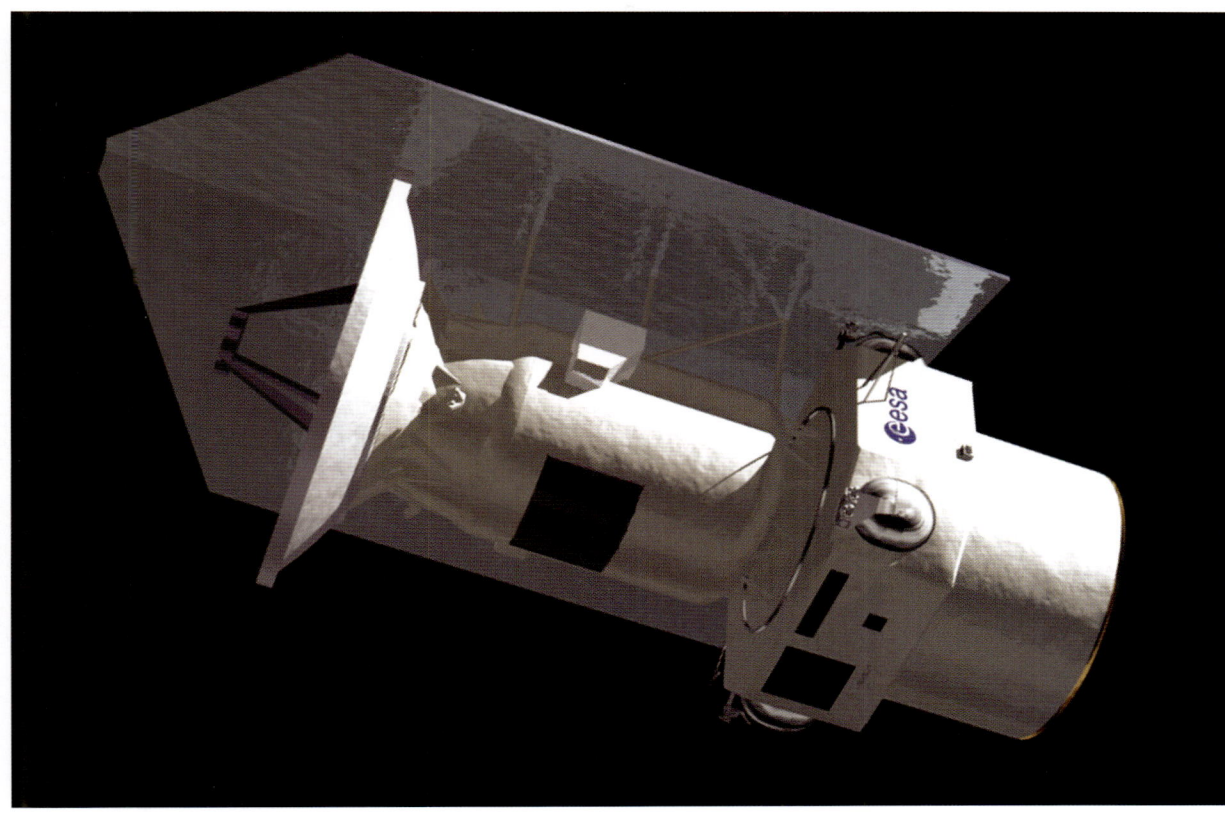

Die ESA will mit dem Weltraumteleskop Herschel einen Nachfolger für das Hubble-Teleskop ins All bringen.

Wo steht das größte Teleskop der Welt?

Die größten Teleskope der Welt sind die beiden Keck-Teleskope auf dem Mauna Kea auf Hawaii. Ihr Spiegel hat einen Durchmesser von zehn Metern und besteht aus insgesamt 36 Segmenten.

Was ist das Besondere am „Very Large Telescope"?

Das „Very Large Telescope" besteht aus vier 8,2-Meter-Spiegelteleskopen. Schon einzeln gehört jedes dieser Teleskope zu den leistungsfähigsten Instrumenten der Welt. Die Astronomen wollen die vier Teleskope aber zusätzlich zusammenschalten und damit ein „sehr großes Teleskop" erschaffen.

Astronomen auf der ganzen Welt überlegen schon heute, was nach dem „Very Large Telescope" kommen soll. So denkt man beispielsweise über das Teleskop „OWL" nach, das einen Spiegeldurchmesser von 100 Metern haben soll.

ESO steht für European Southern Observatory (Europäische Südsternwarte). In den 1960er-Jahren begannen europäische Staaten gemeinsam in Chile Teleskope zu bauen, um europäischen Astronomen Beobachtungsmöglichkeiten am südlichen Himmel zu bieten.

Die unruhige Erdatmosphäre begrenzt die Leistungsfähigkeit von großen Teleskopen: Die Bilder scheinen zu zittern und zu wabern. Hier schafft die Technologie der adaptiven Optik Abhilfe: Mit Hilfe von computergesteuerten, schnell verstellbaren Spiegeln wird das Bild „entwackelt".

Wie sieht die nächste Generation von Teleskopen aus?

Was ist die ESO?

Was ist eine adaptive Optik?

Was ist ein Weltraumteleskop?

Ein Weltraumteleskop ist ein Teleskop, das in eine Umlaufbahn um die Erde gebracht wird und von dort Bilder zur Erde funkt. Das klingt zwar aufwändig, hat aber einen großen Vorteil: Im luftleeren Raum gibt es keinerlei Luftunruhe, und die Bilder werden so kaum verzerrt. Außerdem gelangen gewisse Strahlungen von Objekten nicht ohne weiteres durch die Erdatmosphäre, sodass man diese nur aus dem Weltall beobachten kann.

Was ist das Hubble-Weltraumteleskop?

Das Hubble-Weltraumteleskop wurde am 24. April 1990 mit der Raumfähre Discovery ins All gebracht. Es ist 13,1 Meter lang und hat einen Durchmesser von 4,3 Metern, sein Hauptspiegel einen von 2,4 Metern. Das Auflösungsvermögen des Teleskops ist so gut, dass man auf dem Mond Strukturen einer Größe von nur rund 150 Metern erkennen kann.

Warum braucht das Hubble-Weltraumteleskop eine Brille?

Nachdem man das Hubble-Weltraumteleskop ins All gebracht hatte, bemerkte man, dass der Hauptspiegel einen Fehler hatte und man Objekte nicht scharf stellen konnte. Bei einer Reparaturmission wurde das Teleskop eingefangen und ihm quasi einen Brille aufgesetzt.

Ein Spaceshuttle brachte das Hubble-Teleskop in seinen Orbit. Damit das Teleskop in dem Frachtraum Platz finden konnte, wurde es ausfaltbar konstruiert.

Himmelskörper senden nicht nur Lichtstrahlen aus. 1931 stellte der Ingenieur Karl Guthe Jansky fest, dass das Rauschen beim Funkverkehr teilweise auf die Radiostrahlung anderer Galaxien zurückzuführen ist, und begründete damit die Radioastronomie. Sie erlaubt es den Astronomen, Rückschlüsse auf die Beschaffenheit der von ihnen untersuchten Objekte zu ziehen.

Was ist ein Radioteleskop?

Das Radioteleskop mit der größten und leistungsfähigsten Radioantenne der Welt befindet sich in Puerto Rico in der Nähe von Arecibo. Sein Radiospiegel hat einen Durchmesser von 305 Metern.

Wo steht das größte Radioteleskop der Welt?

Ja, eines der beiden größten voll beweglichen Radioteleskope der Welt findet sich seit 1972 in Effelsberg in der Eifel. Die Antenne hat einen Durchmesser von 100 Metern.

Gibt es auch ein großes Radioteleskop in Deutschland?

Wenn man Licht durch ein Prisma schickt, wird es in seine Spektralfarben aufgefächert. Wenn man so das Licht eines Objektes analysiert, kann man viel über dessen Eigenschaften, etwa die chemische Zusammensetzung, erfahren.

Was ist ein Spektrum?

Unbeeinträchtigt von den störenden Einflüssen der Erdatmosphäre, kann das Hubble-Weltraumteleskop Bilder astronomischer Phänomene von bisher ungekannter Schärfe und Klarheit aus dem All zur Erde senden.

Wenn es gilt, den Weltraum zu erforschen, besitzen Radioteleskope die größte Reichweite.

Wer gab den Sternbildern ihre Namen?

Schon die Menschen im Altertum gruppierten Sterne am Himmel zu Figuren und gaben ihnen Namen. In verschiedenen Kulturen hatte man ganz unterschiedliche Sternbilder. Die Sternbilder, die wir heute verwenden, gehen trotz ihrer lateinischen Namen zumeist auf die antiken Griechen zurück. Die heutigen Sternbilderbezeichnungen beruhen auf einem Beschluss der Internationalen Astronomischen Union aus dem Jahre 1925.

Welches ist das größte Sternbild?

Das flächenmäßig größte Sternbild ist die weibliche Wasserschlange oder Hydra. Es umfasst fast sechs Prozent des gesamten Himmels.

Welches ist das bekannteste Sternbild?

Das bekannteste Sternbild in der nördlichen Hemisphäre dürfte der Große Wagen sein, den auch Nichtastronomen mühelos finden können.

Wie viele Sternbilder gibt es?

Man unterscheidet heute insgesamt 88 Sternbilder am gesamten Himmel. Davon entfallen 32 Sternbilder auf die Nord- und 47 auf die Südhalbkugel. Neun liegen teils auf der Nord-, teils auf der Südhalbkugel.

Der Sternenhimmel der Südhalbkugel wird von vier hell strahlenden Sternen, dem „Kreuz des Südens" dominiert.

Die Formation „Hydra" ist das größte Sternbild. Die fünf Sterne des Kopfes lassen sich auch mit bloßen Auge leicht finden.

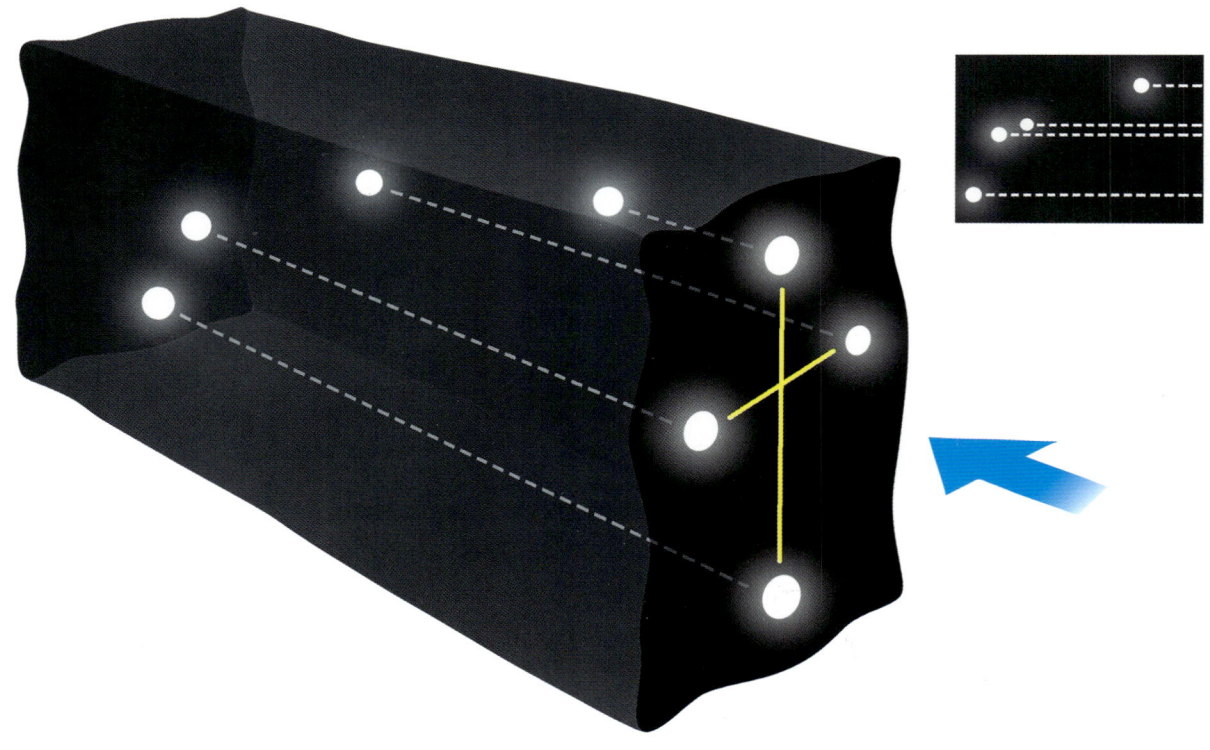

Die Sterne der Sternbilder liegen keineswegs nur auf einer Ebene: Das „Kreuz des Südens" etwa besitzt nur von der Erde aus gesehen eine Kreuzform.

Der Große Wagen ist kein eigenständiges Sternbild, sondern ein „Unter-Sternbild", das aus den sieben hellsten Sternen des Großen Bären besteht. Astronomen sprechen in einem solchen Fall von einem Asterismus. Auch die beiden bekannten Formationen „Gürtel des Orion" und „Schwert des Orion" im Sternbild Orion sind ein solcher Asterismus.

Ist der „Große Wagen" ein richtiges Sternbild?

Einige Sternbilder am Südhimmel haben technische Namen, z. B. Pendeluhr (Horologium), Mikroskop (Microscopium) und Luftpumpe (Antlia). Sie wurden von Astronomen eingeführt, um an bedeutende Erfindungen und technische Errungenschaften zu erinnern. Andere moderne Bezeichnungen – wie etwa das „Sceptrum Brandenburgicum" oder die „Officina Typographica" – haben sich aber nicht durchgesetzt.

Wo befinden sich Pendeluhr, Mikroskop und Luftpumpe?

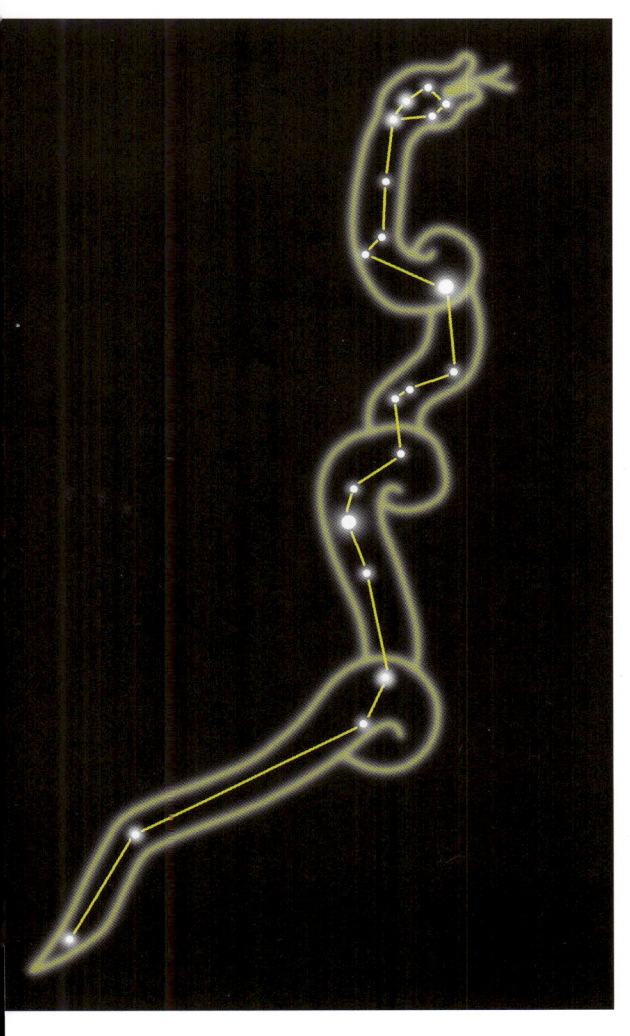

Das kleinste Sternbild ist Crux, das „Kreuz des Südens". Es enthält nur vier, einigermaßen helle Sterne, ist am Südhimmel aber deutlich als Kreuz zu erkennen.

Welches ist das kleinste Sternbild?

Australien und Neuseeland haben beide das „Kreuz des Südens" in der Nationalflagge. Die Sterne in der amerikanischen Flagge dagegen haben nichts mit Sternbildern zu tun, sondern symbolisieren die einzelnen Staaten der USA.

Welche Länder führen Sternbilder in ihrer Flagge?

Wenn Sterne am Himmel scheinbar dicht beieinander liegen oder uns gleich hell erscheinen, so muss dies keineswegs auch in Wirklichkeit so sein. Ein sehr heller, aber weit entfernter Stern kann für uns auf der Erde genauso aussehen wie ein nur mäßig heller Stern, der aber näher liegt. Sternbilder sind Produkte der menschlichen Fantasie, die Sterne eines Sternbildes haben oftmals überhaupt nichts miteinander zu tun.

Sind alle Sterne eines Sternbildes gleich weit von uns entfernt?

Bleiben Sternbilder immer gleich?

Nein. Auch wenn man es auf den ersten Blick nicht merkt: Alle Sterne bewegen sich ein wenig, und da die Sterne eines Sternbildes unabhängig voneinander sind, können sich die Sternbilder verändern. Das dauert allerdings mehrere Jahrtausende.

Welche Jahreszeit eignet sich am besten zur Sternbeobachtung?

In nördlichen Breiten ist der Winter die beste Jahreszeit für die Sternbeobachtung. Neben langen, dunklen und frostklaren Nächten findet man auch interessante Sternbilder, wie etwa den Orion, am Himmel, den man leicht als Wegweiser nutzen kann, um andere Objekte zu suchen.

Welche Sternbilder sind zirkumpolar?

Zirkumpolare Sternbilder stehen in der Nähe des Himmelspols und sind deswegen das ganze Jahr über am Himmel zu beobachten. In Mitteleuropa sind der Große und der Kleine Bär, Kassiopeia, Cepheus, Drache, Giraffe sowie teilweise Perseus, Fuhrmann, Luchs und Jagdhunde zirkumpolar.

Was hat es mit dem Sternbild Friedrichsehre auf sich?

Dies ist eine Bezeichnung für das Sternbild Eidechse, mit der man 1787 den preußischen König ehren wollte. Der Name konnte sich aber – ähnlich wie ein Versuch, das Sternbild zu Ehren des Sonnenkönigs Ludwigs XIV. zu benennen – nicht durchsetzen.

Gibt es zwölf oder 13 Tierkreissternbilder?

Das kommt wahrscheinlich darauf an, wen man fragt: Der Tierkreis ist eine Zone am Himmel, durch die sich Sonne, Mond und Planeten bewegen. Da die Erdachse aber leicht wackelt, stimmen die von den Astrologen schon seit vielen Jahrhunderten verwendeten zwölf bekannten Tierkreiszeichen nicht mehr mit den astronomischen Sternbildern des Tierkreises überein. Für die Astronomen gibt es zudem noch ein 13. Tierkreissternbild, den Schlangenträger, das die Astrologen aber nicht verwenden.

Die Position des Polarsterns fällt genau mit der Rotationsachse des Nordhimmels zusammen.

Astronomen gehen davon aus, dass das Zentrum unserer Milchstraße im Sternbild Schütze zu finden ist.

Das Sternbild Orion ist eines der bekanntesten und auffälligsten Sternbilder des Winterhimmels. Knapp unterhalb des Gürtels des Orion befindet sich der Orion-Nebel, eine Ansammlung von Gas und Staub, die von zahlreichen sehr hellen und massereichen Sternen erleuchtet wird. Der Orion-Nebel ist eine stellare Kinderstube: In den letzten zehn Millionen Jahren sind hier Zehntausende neuer Sterne entstanden. Für Astronomen ist dies eine wahre Fundgrube.

Die drei mittleren Sterne des Sternbilds „Orion" strahlen so hell, dass sie mit „Gürtel des Orion" einen eigenen Namen erhielten.

Wie finde ich den Polarstern?

Der Nord- oder Polarstern ist relativ leicht zu finden: Man blickt genau nach Norden und sucht das Sternbild Kleiner Bär oder Kleiner Wagen. Am Ende der Wagendeichsel liegt der Polarstern.

Was sind Sommer- und Wintersternbilder?

Im Laufe des Jahres sind immer andere Sternbilder zu sehen. Manche Sternbilder, wie etwa der Große Hund oder Orion, lassen sich vor allem im Winter beobachten, andere sind besser im Sommer zu sehen.

Welches Sternbild nennt man auch „Himmels-W"?

Kassiopeia ist ein Sternbild des Nordhimmels, das das ganze Jahr über zu sehen ist. Wegen seiner auffälligen Form wird es auch als „Himmels-W" bezeichnet. Kassiopeia war der Sage nach eine Königin von Äthiopien.

Liegt das Zentrum der Milchstraße wirklich im Sternbild Schütze?

Die Astronomen vermuten im Zentrum unserer Milchstraße ein Schwarzes Loch, das an der Stelle liegt, an der man Sagittarius A*, eine der stärksten Radioquellen am Himmel, beobachten kann. Und Sagittarius A* liegt tatsächlich im Sternbild Schütze. Im sichtbaren Bereich ist das Zentrum unserer Galaxie allerdings durch dichte Gas- und Staubwolken verborgen.

Warum wird der Sirius auch Hundsstern genannt?

Sirius, der Hauptstern des Sternbilds Großer Hund, ist der hellste Stern am Nachthimmel und spielte schon in der antiken Astronomie eine wichtige Rolle: Von den Ägyptern wurde Sirius „Hundsstern" genannt, und sein Erscheinen im Sommer ist verantwortlich für die Bezeichnung „Hundstage". Über den Ursprung des Namens gibt es mehrere Theorien: Sirius könnte, so meinen manche, nach dem ägyptischen Gott Osiris benannt sein, der in alten Darstellungen mit einem Hundekopf gezeigt wird. Andere glauben, dass der Name Sirius auf das griechische Wort für „austrocknen, verdorren" zurückzuführen ist.

UNIVERSUM

Erst Anfang des 20. Jahrhunderts wurde den Astronomen klar, wie groß das Universum eigentlich ist: Dank immer besser werdender Beobachtungsmöglichkeiten erkannte man, dass es sich bei einigen Objekten, die man bislang für Nebel hielt, um entfernte Galaxien handelte, die genau wie unsere Milchstraße viele Milliarden von Sternen enthielten. Alles scheint zudem in Bewegung zu sein, sodass sich alle Galaxien von uns entfernen. Doch auch in unserer Nähe finden sich viele einzigartige und außergewöhnliche Objekte: Gewaltige Riesensterne, die schon nach wenigen Millionen Jahren explodieren, exotische Neutronensterne und Schwarze Löcher.

Was war der Urknall?

Man nimmt an, dass das Universum ursprünglich in einem einzigen Punkt konzentriert war, und erst mit dem so genannten Urknall begann, sich auszudehnen. Man folgert dies aus der Tatsache, dass sich das Universum auch heute noch ausdehnt, die Entfernungen zwischen Galaxien also zunehmen. Es muss folglich einmal einen Anfangspunkt gegeben haben.

Was war vor dem Urknall?

Nach der allgemein gültigen Theorie gab es kein „vor dem Urknall", da auch die Zeit erst mit dem Urknall entstanden ist. Und da es sie erst seit dem Urknall gibt, kann es auch kein „davor" geben.

Wenn es einen Urknall gab, muss es doch einen Mittelpunkt des Universums geben?

Nein. Aktuellen Theorien zufolge kann man keinen Ort angeben, an dem einmal der Urknall stattfand. Um zu verstehen, wie so etwas sein kann, hilft ein Vergleich. Dazu muss man sich unser Universum zweidimensional, also flach wie die Haut eines Luftballons vorstellen. Alle Galaxien sitzen dann auf dieser Ballonoberfläche. Bläst man den Ballon auf, entfernt sich jede Galaxie von der anderen. Trotzdem befindet sich das Zentrum dieses Universums nicht auf der Ballonoberfläche. Für einen Bewohner dieses Ballonuniversums hat die Welt keinen Mittelpunkt, da dieser in der dritten Dimension verborgen bleibt.

Nach dem Urknall entstanden aus der vorhandenen Materie die ersten Galaxien.

Aufnahmen aus dem Hubble-Teleskop scheinen die Theorie eines sich ausdehnenden Weltalls zu bestätigen.

Nach den aktuellen kosmologischen Modellen gab es kurz nach dem Urknall eine Phase, in der sich das Universum in unvorstellbar kurzer Zeit sehr stark ausdehnte – und dies mit einer Geschwindigkeit, die deutlich größer war als die Lichtgeschwindigkeit. Das widerspricht überraschenderweise nicht dem Gesetz, dass sich im Raum nichts schneller bewegen darf als das Licht, da dabei keine Materie bewegt wurde, sondern sich der Raum selbst ausdehnte.

Hat sich das Universum einmal schneller als das Licht ausgedehnt?

Die kosmische Hintergrundstrahlung ist ein Rest der Strahlung, die beim Urknall entstand. Wir können sie nahezu gleichmäßig aus allen Richtungen sehen. Die Strahlung stammt allerdings nicht direkt vom Urknall, sondern aus der Zeit, zu der das Weltall durchsichtig wurde. Das war etwa 300000 Jahre nach dem Urknall der Fall.

Was ist die kosmische Hintergrundstrahlung?

Die kosmische Hintergrundstrahlung hat eine Temperatur von 3 °C über dem absoluten Nullpunkt. Der intergalaktische Raum hat also eine Temperatur von -270 °C.

Wie warm ist das Weltall?

Vermutlich ja: Neueste Theorien besagen nämlich, dass sich die Ausdehnung des Universums – angetrieben durch die „dunkle Energie" – sogar beschleunigt. Allerdings weiß bis heute niemand, um was es sich bei dieser dunklen Energie nun eigentlich genau handelt. Wissenschaftler auf aller Welt suchen fieberhaft nach einer Erklärung. Das Einzige, was man bisher messen kann, ist ihre Auswirkung auf die Geschwindigkeit der Ausdehnung des Universums.

Wird sich das Universum ewig ausdehnen?

Niemand weiß das so genau. Wir können nämlich nur den Teil des Universums sehen, aus dem uns das Licht auch erreichen kann. Was sich dahinter befindet, wissen wir nicht.

Wie groß ist das Universum?

Was ist ein Stern?

Astronomen verstehen unter Sternen selbstleuchtende Gaskugeln wie etwa unsere Sonne. Planeten wie die Erde sind also keine Sterne.

Welches ist der uns am nächsten gelegene Stern nach der Sonne?

Der Hauptstern des Sternbildes Zentaur Alpha Centauri in 4,3 Lichtjahren Entfernung. Er ist also so weit entfernt, dass das Licht 4,3 Jahre benötigt, um uns zu erreichen, das sind mehr als 40 Billionen Kilometer.

Wie groß ist die größte bekannte Sonne?

Die größten Sterne haben Durchmesser, die weit über 1 000-mal größer sind als der unserer Sonne. Allerdings ist die Bestimmung der Größe bei den Entfernungen extrem schwierig. Bei Epsilon Aurigae vermuten die Astronomen, dass der Stern den 2 700fachen Durchmesser unserer Sonne hat. Klarer ist die Lage bei VV Cephei: Der Stern ist rund 1 600-mal so groß wie unsere Sonne.

Sehen viele Sterne so aus wie die Sonne?

Unsere Sonne scheint in der Tat ein recht durchschnittlicher Stern zu sein, sodass der größte Teil der Sterne in unserer Milchstraße ähnlich aussehen dürfte und viele vermutlich sogar noch etwas kleiner sind.

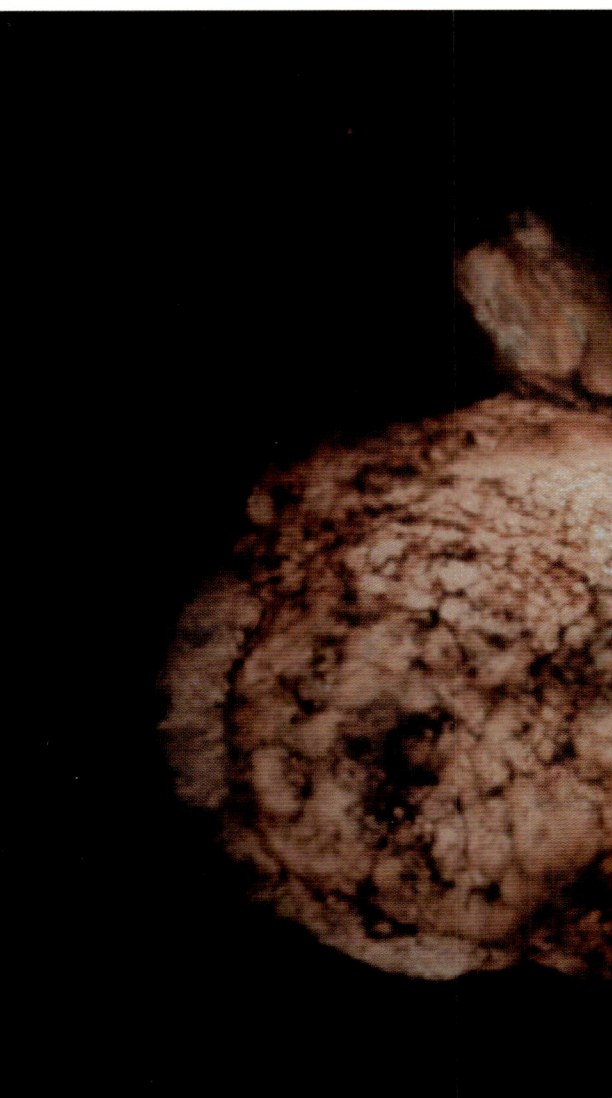

Viele Sterne ähneln in Form, Farbe und Leuchtkraft unserer eigenen Sonne.

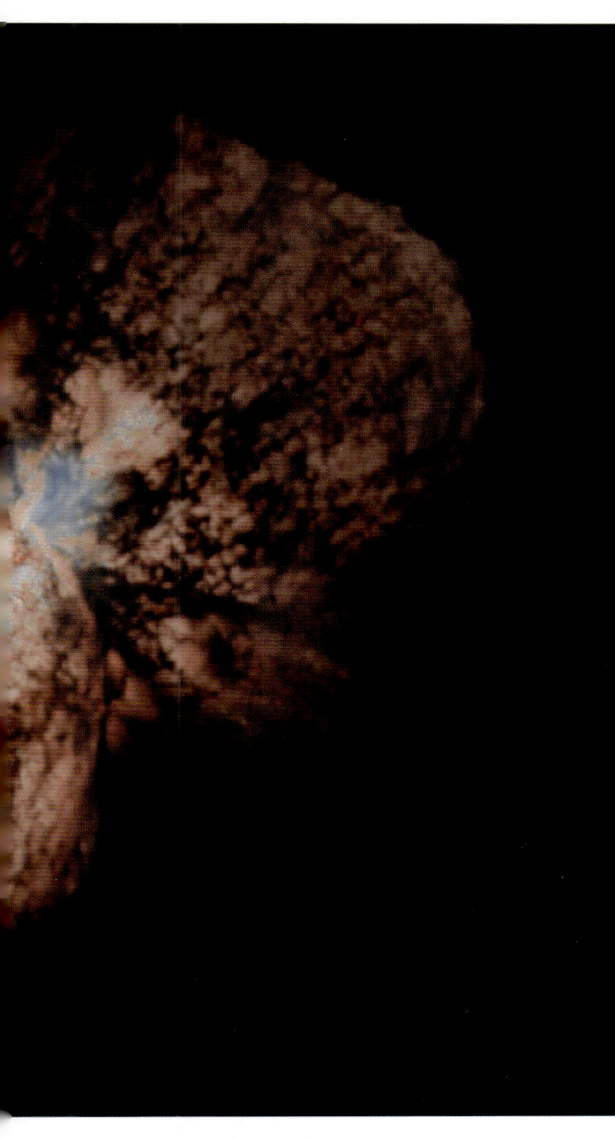

Mit dem Hundertfachen der Masse unserer Sonne und einem fünf Millionen Mal höheren Energieausstoß gilt Eta Carinae als einer massereichsten Sterne unseres Universums.

Geschichte eines Sterns von der Entstehung bis zur Explosion. Im Nebel der Explosion bilden sich später wieder neue Sterne.

Leuchten Sterne endlos lange?

Nein. Sterne leuchten, weil sie in ihrem Inneren Wasserstoff verbrennen, der jedoch irgendwann aufgebraucht ist. Sterne mit relativ geringer Masse wie unsere Sonne können viele Milliarden Jahre leuchten, bevor sie sich verändern, doch größere Sterne haben ihren Brennstoffvorrat oft schon nach 100 Millionen Jahren verbraucht.

Was wird aus den Sternen, die nicht mehr leuchten?

Das hängt von ihrer ursprünglichen Masse ab: Unsere Sonne wird einmal ein Weißer Zwerg, ein anfangs hell leuchtender Sternenrest, der zunehmend dunkler wird. Größere Sterne explodieren in einer so genannten Supernova und enden als Neutronenstern oder als Schwarzes Loch.

Was sind Doppelsterne?

Doppelsterne sind zwei Sterne, die sich um ihren gemeinsamen Schwerpunkt drehen. Hat einer der beiden Sterne mehr Masse, so liegt dieser Schwerpunkt übrigens näher bei ihm.

Was sind veränderliche Sterne?

Man hat beobachtet, dass einige Sterne ihre Helligkeit ändern. Dafür kann es viele Gründe geben: Manche Sterne werden wirklich heller und dunkler, andere sind Doppelsterne, die sich so umkreisen, dass ihre Helligkeit zu schwanken scheint.

Haben Sterne auch Farben?

Ja, die Farbe eines Sterns hängt von seiner Oberflächentemperatur ab: Sehr heiße Sterne sind bläulich-weiß, während rote Sterne relativ kühl sind. Oft kann man Farben sogar schon mit bloßem Auge erkennen.

Wie sieht eine Sternkarte aus?

Sternenkarten sind eine kartographische Darstellung des Himmels. Für Anfänger eignen sich vor allem drehbare Sternkarten, bei denen man exakt den Himmelsausschnitt einstellen kann, den man auch in der Natur vor sich hat. Meist ist die Helligkeit der Sterne durch unterschiedlich große Punkte angegeben. Sternbilder werden mit Verbindungslinien zwischen den zusammengehörigen Sternen dargestellt.

Sternkarten helfen, sich unter freiem Himmel zu orientieren. Zur Erleichterung sind oftmals die bekanntesten Sternbilder eingezeichnet. In den Karten der Nordhalbkugel findet sich der Polarstern üblicherweise genau in der Mitte.

Wie wird die Helligkeit von Sternen angegeben?

Um 130 vor Christus entwickelte Hipparch eine Methode, nach der man die Helligkeit von Sternen in sechs Größenklassen einteilt, wobei die sechste Größenklasse ein Stern ist, den man gerade noch mit bloßem Auge erkennen kann. Später hat man diese Methode verbessert: Der Abstand zwischen zwei Größenklassen ist 1 zu 2,5. Das bedeutet, dass ein Stern der 1. Größenklasse 2,5-mal heller ist als einer der 2. Größenklasse.

Sternhaufen wie dieser bestehen aus bis zu 100000 Sternen verschiedenster Größe.

Der Krabbennebel entstand, als der Zentralstern zunächst zur Supernova wurde und dann in sich zusammenfiel, um einen Neutronenstern zu bilden.

Was sind Neutronensterne?

Neutronensterne sind die kleinsten und dichtesten unter den Sternen. Sie haben in etwa die Masse unserer Sonne, aber nur einen Durchmesser von rund 20 Kilometern.

Was ist eine Supernova?

Eine Supernova entsteht, wenn ein Stern explodiert, etwa nachdem er seinen Brennstoffvorrat aufgebraucht hat. Die Helligkeit des Sterns kann sich dabei auf ein Milliardenfaches seiner ursprünglichen Leuchtkraft vergrößern. Früher hielt man das Aufleuchten fälschlich für die Geburt eines neuen Sterns, daher das Wort „nova", das „neu" bedeutet.

Wie entsteht ein Stern?

Sterne entstehen wahrscheinlich aus einer riesigen, viele Lichtjahre großen Gaswolke, in der sich durch Drehung einige Klumpen bilden. Während die Drehung zunimmt, werden die einzelnen Klumpen immer dichter, bis die Temperatur schließlich so hoch wird, dass in ihrem Inneren die Verbrennung von Wasserstoff zu Helium einsetzen kann.

Wie viele Sterne gibt es in unserer Galaxie?

Eine genaue Zahl anzugeben ist schwierig. Aber es dürften einige hundert Milliarden Sterne sein. Damit ist unsere Milchstraße eine recht durchschnittliche Spiralgalaxie.

Was sind Sternhaufen?

Man unterscheidet offene Sternhaufen und so genannte Kugelsternhaufen. Offene Sternhaufen sind meist recht jung und enthalten bis zu 1000 Sterne. Kugelsternhaufen bestehen dagegen aus über 100000 Sternen und können sehr alt sein.

Was ist ein schwarzes Loch?

Ein schwarzes Loch ist ein Objekt, das eine so starke Anziehungskraft besitzt, dass nichts dieses Objekt verlassen kann – noch nicht einmal Licht. Daher kann man schwarze Löcher auch nicht direkt beobachten.

Gibt es Unterschiede zwischen schwarzen Löchern?

Es gibt zwei Arten von schwarzen Löchern: die supermassereichen schwarzen Löcher und die stellaren schwarzen Löcher. Die stellaren schwarzen Löcher entstehen vermutlich nach der Explosion eines Sterns. Wie die supermassereichen schwarzen Löcher entstehen, die ein Millionenfaches der Masse ihrer stellaren Verwandten besitzen, ist dagegen bis heute ungeklärt.

Gibt es wirklich Beweise für die Existenz von schwarzen Löchern?

Obwohl man schwarze Löcher nicht direkt beobachten kann, ist es doch möglich, die Strahlung zu observieren, die von einem Material abgestrahlt wird, das gerade dabei ist, in ein schwarzes Loch zu stürzen. Oder man kann die Bahnen der Sterne in der Nähe eines vermuteten schwarzen Lochs verfolgen, und daraus die Masse des unbekannten Objektes berechnen. Und diese ist meist so gewaltig, dass es sich nur um ein schwarzes Loch handeln kann.

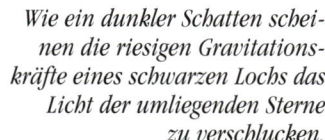

Wie ein dunkler Schatten scheinen die riesigen Gravitationskräfte eines schwarzen Lochs das Licht der umliegenden Sterne zu verschlucken.

Ja, selbstverständlich. Es handelt sich ja schließlich um nichts anderes als um äußerst kompakte Objekte. Man hat in der Tat schon stellare schwarze Löcher beobachtet, die sich durch unsere Milchstraße bewegen.

Können sich schwarze Löcher bewegen?

Ja, Schwarze Löcher wachsen, indem sie Materie aufsaugen und damit die eigene Masse erhöhen. Nach und nach saugen sie so die gesamte Materie in ihrem Einflussbereich auf.

Wachsen schwarze Löcher?

Dieses Ereignis kommt vermutlich gar nicht so selten vor, wenn es auch bisher noch nicht beobachtet werden konnte. Man nimmt an, dass die beiden schwarzen Löcher sich zunächst umkreisen und der Abstand zwischen ihnen nach und nach immer kleiner wird, bis sie schließlich miteinander verschmelzen.

Was passiert, wenn sich zwei schwarze Löcher treffen?

Weiße Löcher sind die „zeitumgekehrte" Version eines schwarzen Lochs: Während in einem schwarzen Loch alle Materie verschwindet, sendet ein weißes Loch Materie aus. weiße Löcher existieren bislang nur in der Theorie, und es ist sehr fraglich, ob sie in Wirklichkeit vorkommen.

Gibt es auch weiße Löcher?

In der Nähe supermassereicher schwarzer Löcher herrscht nicht immer Dunkelheit. Wird ein eingefangener Stern durch die starke Schwerkraft zur Explosion gebracht, erhellen seine strahlenden Überreste die Umgebung.

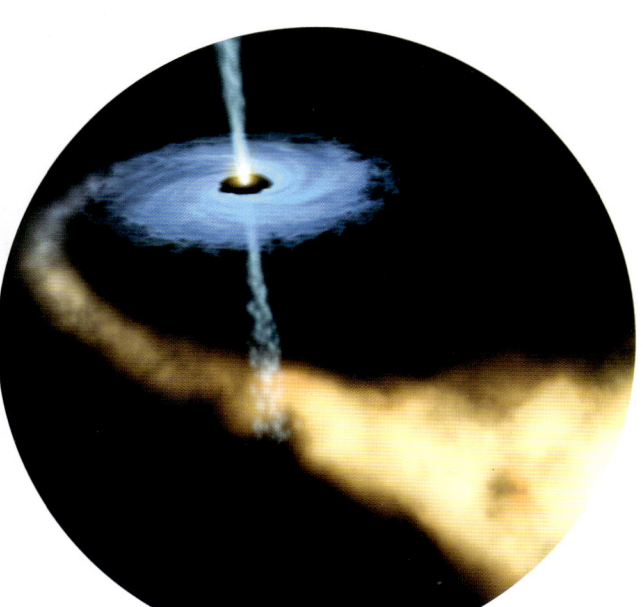

Eine Leuchtspur ist alles, was von dem im schwarzen Loch gefangenen Stern übrig bleibt.

Was ist die Milchstraße?

Die Milchstraße ist unsere Heimatgalaxie, eine mittelgroße Spiralgalaxie. Unser Sonnensystem liegt in einem Spiralarm-Fragment, das rund 27000 Lichtjahre vom Zentrum entfernt ist.

Sieht man mit bloßem Auge nur Sterne unserer Milchstraße?

Ja, denn praktisch sind nicht mehr als rund 2500 Sterne auf einmal zu sehen. Nur bei absoluter Dunkelheit kann man auch die Sternhaufen und Kugelsternhaufen unserer Milchstraße erkennen oder mit viel Glück andere Galaxien ausmachen.

Wie heißt die uns am nächsten gelegene Galaxie?

Die uns am nächsten gelegenen Galaxien sind die große und die kleine magellansche Wolke in einer Entfernung von 165000 Lichtjahren. Sie sind Satellitengalaxien unserer Milchstraße. Die nächste „richtige" Galaxie ist der Andromeda-Nebel M31 in 2,3 Millionen Lichtjahren Entfernung.

Ist die Andromeda-Galaxie größer als die Milchstraße?

Ja. Andromeda hat einen Durchmesser von ungefähr 150000 Lichtjahren und eine Masse von über 300 Milliarden Sonnenmassen. Im Vergleich dazu hat unsere Milchstraße einen Durchmesser von mindestens 100000 Lichtjahren und eine Masse von mindestens 200 Milliarden Sonnenmassen.

Der über 2 Millionen Lichtjahre entfernte Andromeda-Nebel ist die Galaxie, die unserer Milchstraße am nächsten liegt.

In der Formation Seyferts Sextett verzerren die starken Gravitationskräfte der kollidierenden Galaxien sogar die Sterne selbst.

Begegnen sich mehrere Galaxien, beginnt ein Verschmelzungsprozeß, der Milliarden von Jahren andauern kann.

Ja, Astronomen gehen tatsächlich davon aus, dass unsere große Nachbargalaxie in rund zwei bis drei Milliarden Jahren mit unserer Milchstraße kollidiert. Sie nähert sich uns mit einer Geschwindigkeit von etwa 300 Kilometern pro Sekunde.

Wird die Andromeda-Galaxie mit der Milchstraße kollidieren?

Das Hubble-Weltraumteleskop sucht unter anderem nach extrem lichtschwachen Galaxien und hat bisher jede Menge davon gefunden. Anhand dieser Beobachtung schätzt man die Zahl der Galaxien im sichtbaren Universum auf rund 100 Milliarden ein.

Wie viele Galaxien gibt es?

Üblicherweise werden Galaxien unterteilt in Spiralgalaxien wie unsere Milchstraße, Balkenspiralgalaxien, die einen balkenartig verbreiterten Kern haben, oder elliptische Galaxien, die einen hellen Kern, aber keine Spiralstruktur aufweisen. Was nicht in dieses Schema passt, wird als irreguläre Galaxie klassifiziert. Ein Beispiel für solche Galaxien sind die magellanschen Wolken.

Was ist eine irreguläre Galaxie?

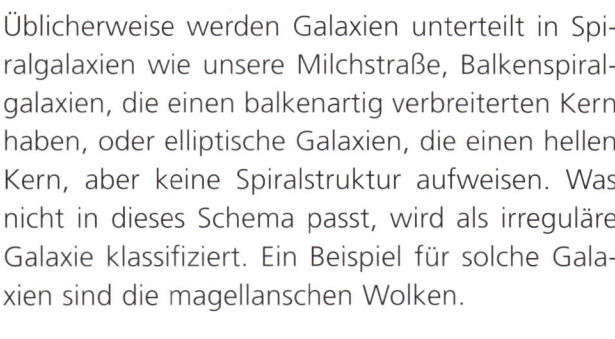

Galaxienhaufen sind Ansammlungen von Galaxien, deren gegenseitige Anziehungskraft dafür sorgt, dass sie in einer Gruppe zusammenbleiben. Vermutlich befinden sich die meisten Galaxien in einem Haufen. Diese Haufen wiederum gehören zu größeren Superhaufen. Auch unsere Milchstraße ist Bestandteil eines Galaxienhaufens, der so genannten „lokalen Gruppe". Insgesamt dürfte die lokale Gruppe über 25 Mitglieder haben, darunter auch Zwerg- und Satellitengalaxien.

Was sind Galaxienhaufen?

Quasare sind „quasi stellare Objekte", die zunächst wie ein Stern aussehen, sich aber bei näherer Betrachtung als sehr heller Kern einer äußerst weit entfernten Galaxie entpuppen. Wegen ihrer großen Entfernung kann man die zugehörige Galaxie jedoch nicht mehr erkennen.

Was sind Quasare?

SOLARSYSTEM

Das Sonnensystem mit seinen neun Planeten ist unsere Heimat im All. Die Erde umkreist als dritter Planet unsere Sonne und ist bis heute der einzige uns bekannte Ort im Universum, auf dem Menschen überleben können. Schon unsere Nachbarn Venus und Mars sind mit extremen Temperaturen alles andere als einladende Orte. In den äußeren Regionen geht es noch exotischer zu: Auf einem Jupitermond kommt es laufend zu Vulkanausbrüchen, und ein Trabant des Ringplaneten Saturn könnte der frühen Erde gleichen. Immer wieder werden am Rand des Sonnensystems neue Objekte aufgespürt, die auf langen Bahnen unsere Sonne umkreisen.

Wie groß ist die Sonne?

Die Sonne hat einen Durchmesser von fast 1,4 Millionen Kilometern, das ist über 100-mal mehr als der Durchmesser der Erde. Die Sonne hat darüber hinaus 333000-mal mehr Masse als unsere Erde und enthält damit rund 99,8 Prozent der Gesamtmasse unseres Sonnensystems.

Was sind Sonnenmassen?

Die Masse von Sternen und anderen Objekten ist für irdische Verhältnisse unvorstellbar groß. So hat unsere Sonne beispielsweise eine Masse von rund 2 000 000 000 000 000 000 000 000 000 000 Kilogramm. Um nun bei noch größeren Objekten zumindest eine Vorstellung von deren Masse zu bekommen, bezieht man sich bei den Masseangaben für gewöhnlich auf die Masse unserer Sonne. Ein Objekt mit zehn Sonnenmassen hat also die zehnfache Masse unserer Sonne.

Wie weit ist die Sonne von der Erde entfernt?

Die Erde ist rund 150 Millionen Kilometer von der Sonne entfernt. Diese Entfernung nennen Astronomen auch eine „astronomische Einheit".

Dreht sich die Sonne auch um ihre eigene Achse?

Ja, allerdings unterschiedlich schnell: Am Äquator braucht sie etwa 25 Tage für eine Umdrehung, an den Polen 36 Tage. Im tiefen Inneren der Sonne scheint der Umdrehungszeitraum dagegen rund 27 Tage zu betragen.

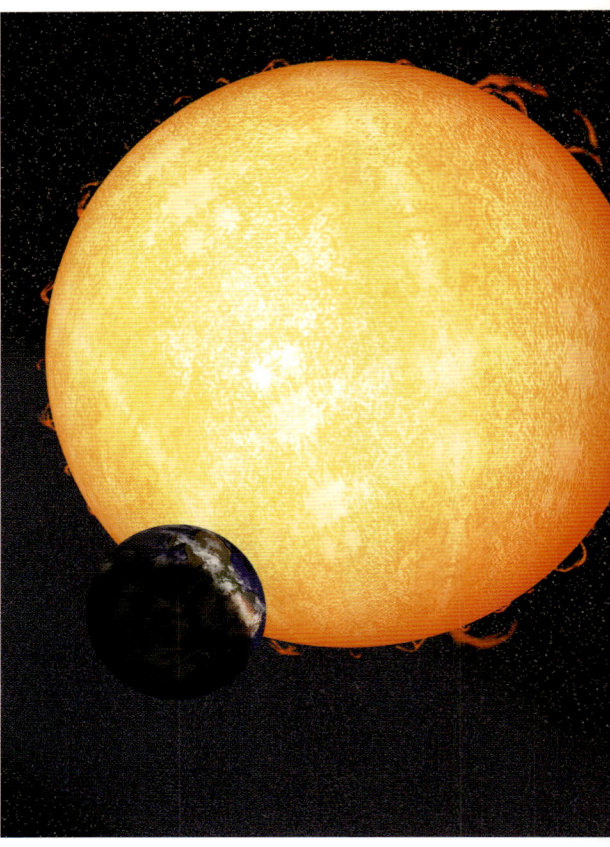

Selbst aus einer Entfernung von über 200 Millionen Kilometer betrachtet ist die Sonne immer noch deutlich größer als unser Heimatplanet.

Durch das Licht der untergehenden Sonne erhält der Himmel morgens und abends eine rötliche Färbung.

Dies liegt an kleinen Teilchen in der Erdatmosphäre: Diese Teilchen „verschlucken" hauptsächlich die blaue Komponente des Lichts. Je tiefer die Sonne am Himmel steht, desto länger ist der Weg des Sonnenlichts durch die Atmosphäre. Bei einem Sonnenuntergang oder -aufgang geht also ein großer Teil der blauen Komponente des Sonnenlichts verloren, das Licht erscheint daher rot.

Warum sieht die Sonne abends und morgens anders aus als tagsüber?

Man geht davon aus, dass unsere Sonne vor etwa 4,6 Milliarden Jahren aus einer riesigen Gaswolke entstanden ist.

Wie alt ist die Sonne?

Die Sonne ist im Prinzip ein riesiges Kernkraftwerk, nur dass in ihrem Inneren keine Atome gespalten, sondern verschmolzen werden. Im Kern der Sonne werden pro Sekunde 655 Millionen Tonnen Wasserstoff in 650 Millionen Tonnen Helium umgewandelt. Der Masseunterschied wird dabei als Energie freigesetzt.

Wie erzeugt die Sonne Energie?

Die sichtbare Oberfläche der Sonne heißt Photosphäre. Hier herrschen Temperaturen von etwa 5600 °C. Darüber liegt die Chromosphäre, die ein wenig kühler ist. Daran schließt sich die Sonnenkorona an. Hier herrschen Temperaturen von über einer Million Grad. Nur im Zentrum der Sonne ist es noch heißer: Hier herrschen rund 15 Millionen Grad Celsius.

Wie heiß ist es auf der Sonne?

Sonnenflecken sind dunkle Stellen auf der Sonnenoberfläche, die von Galileo Galilei und einigen anderen Astronomen entdeckt wurden. Die Flecken können einen Durchmesser von über 50000 Kilometer haben und kommen oft in ganzen Gruppen vor. Die Flecken erscheinen dunkler, weil sie eine etwas geringere Temperatur haben als ihre Umgebung. Das hängt vermutlich mit dem Magnetfeld der Sonne zusammen.

Was sind Sonnenflecken?

Was ist der Sonnenflecken-Zyklus?

Schon im 19. Jahrhundert erkannte man, dass die Zahl der Sonnenflecken von Jahr zu Jahr unterschiedlich ist. Alle elf Jahre aber findet man besonders viele Sonnenflecken, die Sonne ist dann auch besonders aktiv, und es kommt zu vielen Sonneneruptionen, bei denen die Sonne winzige Teilchen mit Geschwindigkeiten von über 1500 Kilometern pro Sekunde ins All schleudert.

Können Ausbrüche auf der Sonne für die Erde gefährlich werden?

Ja. Wenn eine Sonneneruption die Erde trifft, sind wir zwar durch das Erdmagnetfeld relativ gut geschützt, doch kann es beispielsweise bei Satelliten im Erdorbit zu Störungen kommen oder es auch Probleme mit elektrischen Geräten auf der Erde und beim Funkverkehr geben. Die Partikel von der Sonne sorgen außerdem für Polarlichter.

Was ist der Sonnenwind?

Der Sonnenwind ist ein ständiger Strom von Teilchen, der von der Korona der Sonne ausgeht und bis zu 400 Kilometer pro Sekunde schnell sein kann. Der Sonnenwind reicht weit ins Planetensystem hinaus und kann noch hinter der Bahn von Pluto gemessen werden.

Was ist das Weltraumwetter?

Unter Weltraumwetter fasst man alle Einflüsse aus dem All zusammen, die unser Leben auf der Erde beeinträchtigen könnten. Hauptsächlich sind das Sonneneruptionen und starker Sonnenwind. Eine genaue Vorhersage, wann ein Teilchenschauer von der Sonne die Erde trifft, ermöglicht es, empfindliche Satelliten zu schützen. Man beobachtet daher die Sonne rund um die Uhr, um immer gewarnt zu sein.

Wird die Sonne stündlich leichter?

Die Sonne leuchtet, weil sie in ihrem Inneren Wasserstoff verbrennt. Dadurch verliert sie ständig Masse, und zwar etwa 15 Milliarden Tonnen pro Stunde. Hinzu kommt noch das Material, das sie durch den Sonnenwind verliert.

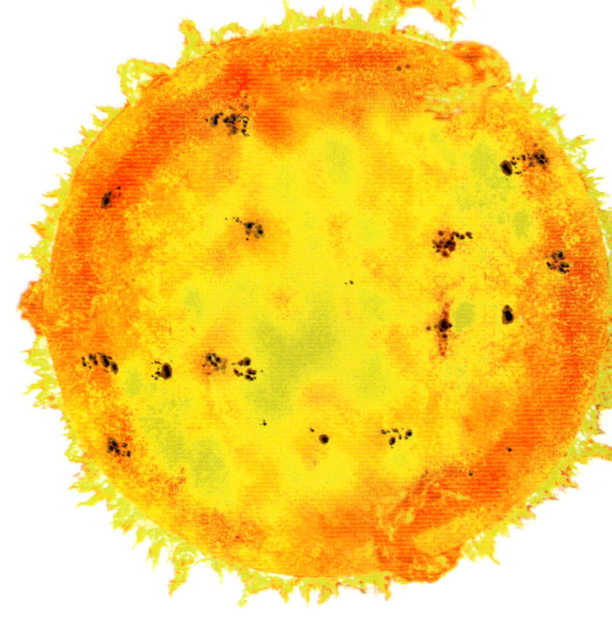

Die Sonnenfleckenaktivitäten verursachen gewaltige Sonneneruptionen.

1995 startete das Sonnenobservatorium SOHO an Bord einer Atlas-Trägerrakete.

Unsere Sonne verfügt über ein äußerst starkes Magnetfeld, das für viele Phänomene, die man auf der Sonnenoberfläche beobachten kann, verantwortlich ist. Alle elf Jahre dreht sich dieses Magnetfeld um – immer dann, wenn die Sonne gerade besonders aktiv ist und viele Sonnenflecken hat. Das letzte Mal geschah dies Anfang 2001: Der magnetische Nordpol der Sonne zeigt seitdem nach Süden. Erst ab 2012, dem nächsten Maximum, ist alles wieder beim Alten.

In etwa fünf bis sechs Milliarden Jahren wird im Inneren unserer Sonne der Wasserstoffvorrat verbraucht sein, und sie wird sich als roter Riesenstern auf das 150fache ihrer Größe aufblähen und dabei vermutlich die inneren Planeten „verschlucken". Danach dürfte sie kurze Zeit zu einem farbenprächtigen planetarischen Nebel werden und schließlich zu einem weißen Zwergstern, der dann langsam abkühlt.

Wie lange lebt die Sonne noch?

Zu einer Sonnenfinsternis kommt es, wenn der Mond genau so zwischen Erde und Sonne steht, dass er einen Teil der Sonnenscheibe abdeckt. Besonders spektakulär ist die ringförmige Sonnenfinsternis: Wenn der Mond gerade besonders weit von der Erde entfernt ist, bleibt bei der Sonnenfinsternis ein heller Sonnenring sichtbar.

Wie entsteht eine Sonnenfinsternis?

Überraschenderweise gibt es mehr Sonnenfinsternisse als Mondfinsternisse. In einem Jahrhundert gibt es im Schnitt 150 Mondfinsternisse und 240 Sonnenfinsternisse. Allerdings sind Mondfinsternisse in größeren Regionen zu sehen, und so erscheint es, als wären sie häufiger.

Gibt es häufiger Mond- oder Sonnenfinsternisse?

Bei einer ringförmigen Sonnenfinsternis bleibt um den Schatten des Mondes herum ein leuchtender Kranz sichtbar.

Man darf auf keinen Fall mit den Augen oder mit dem Fernglas in die Sonne schauen. Dadurch kann man erblinden. Um die Sonne gefahrlos zu beobachten, gibt es Filter und Folien, die man auf ein Teleskop aufsetzen kann. Noch einfacher ist es, das Bild der Sonne auf eine weiße Fläche zu projizieren. Dann können sogar mehrere Personen zur gleichen Zeit die Sonne beobachten.

Wie kann man die Sonne beobachten?

Natürlich, allerdings nicht sofort: Das Licht benötigt für seinen Weg von der Sonne zur Erde acht Minuten und 19 Sekunden. Das bedeutet, dass das Bild, das wir jetzt von der Sonne sehen, schon über acht Minuten alt ist.

Wenn die Sonne ausginge, würde man es auf der Erde sehen?

Wie kann ich mir die Reihenfolge der Planeten merken?

Dafür gibt es einen einfachen Merkspruch: „Mein Vater erklärt mir jeden Sonntag unsere neun Planeten." Die Anfangsbuchstaben ergeben die richtige Reihenfolge: Merkur, Venus, Erde, Mars, Jupiter, Saturn, Uranus, Neptun, Pluto.

Warum befinden sich die Planeten alle in einer Ebene?

Das liegt an der Entstehungsgeschichte: Das Material, das von der Entstehung der Sonne übrig geblieben ist, hat sich in einer flachen, sich drehenden Scheibe rund um die junge Sonne gesammelt. Hier entstanden durch Verklumpen kleinster Staubpartikel erste „Planetenkeime", von denen dann einige zu echten Planeten wuchsen. Diese bewegen sich immer noch in der ursprünglichen Ebene und haben auch noch die gleiche Drehrichtung. Deswegen kreisen auch alle Planeten in derselben Richtung um die Sonne.

Warum drehen sich Planeten um sich selbst?

Auf diese Frage gibt es keine eindeutige Antwort. Möglicherweise ist eine Kollision in der Frühphase des Sonnensystems dafür verantwortlich. Oder aber die Planeten haben ihre Drehung schon bei der Entstehung „mitbekommen". Die unterschiedlich langen Tage auf den einzelnen Planeten lassen vermuten, dass es keine einheitliche Ursache für die Drehung aller Planeten gibt.

Der sanduhrförmige Planetennebel MYCN18 ist noch jung und für die Astronomie daher besonders interessant.

Alle Planeten unseres Sonnensystems sowie vier Monde des Jupiter – zusammengestellt aus den Aufnahmen der Voyager-Sonde.

Was ist ein planetarischer Nebel?

Planetarische Nebel haben nichts mit einem Planeten zu tun: Sie sind die oftmals farbenprächtige Endphase eines Sternenlebens. Wenn ein Stern seinen Brennstoff verbraucht hat, stößt er einen großen Teil seiner äußeren Hülle ins All ab, bis nur der glühend heiße Kern übrig bleibt, ein so genannter weißer Zwerg. Die Strahlung, die von diesem Sternenrest ausgeht, bringt das abgestoßene Material – den Nebel – zum Leuchten.

Gibt es einen zehnten Planeten?

Bisher wurde keiner entdeckt, obwohl man intensiv danach gesucht hat. Das Problem ist, dass es in den äußeren Regionen unseres Sonnensystems so dunkel ist, dass selbst große Teleskope Probleme haben, etwas zu erkennen. Es gibt allerdings eine ganze Reihe von Objekten jenseits der Neptunbahn, die so genannten Trans-Neptun-Objekte (TNOs), die aber nicht als Planeten gelten.

Wie schnell bewegen sich die Planeten auf ihren Bahnen um die Sonne?

Das ist unterschiedlich, die Bahngeschwindigkeit ist für jeden Planeten anders, und auch auf seiner Bahn bleibt die Geschwindigkeit nicht immer gleich. Die Planeten sind allerdings recht schnell: Die mittleren Bahngeschwindigkeiten liegen zwischen 47,9 Kilometern pro Sekunde bei Merkur und 4,7 Kilometern pro Sekunde bei Pluto.

Alle Planeten unseres Solarsystems kreisen in der gleichen Richtung und sogar auf nahezu der gleichen Höhe um die Sonne.

Ist der Merkur weit von der Sonne und der Erde entfernt?

Aufgrund der elliptischen Umlaufbahn Merkurs schwankt sein Abstand zur Sonne beträchtlich: Am sonnennächsten Punkt ist er nur 46 Millionen Kilometer von der Sonne entfernt, am sonnenfernsten Punkt 70 Millionen Kilometer. Die Erde wiederum ist vom Merkur zwischen 77 und 222 Millionen Kilometer entfernt, und ihr Abstand zur Sonne ist damit im Schnitt rund drei Mal so groß. Weil Merkur der Sonne so nahe ist, kann man ihn von der Erde aus nur kurz vor oder kurz nach Sonnenuntergang, also oft nur in der Dämmerung, sehen.

Wie groß ist Merkur?

Merkur hat einen Durchmesser von 4880 Kilometern. Das ist etwas mehr als ein Drittel des Durchmessers der Erde. Damit ist Merkur nach Pluto der kleinste Planet im Sonnensystem und ist sogar kleiner als der Jupitermond Ganymed.

Wie sieht die Oberfläche des Merkur aus?

Die Oberfläche des Merkur ähnelt mit ihren zahlreichen gewaltigen Einschlagkratern in etwa der unseres Mondes. Astronomen vermuten, dass sich die Oberfläche Merkurs seit seiner Entstehung kaum geändert hat.

*Bisher hat nur eine Sonde, die „Mariner 10",
Fotos von der Oberfläche des Merkur übermittelt.*

*Am 11. März 1973 trat die Sonde
Mariner 10 ihre Reise ins All an.*

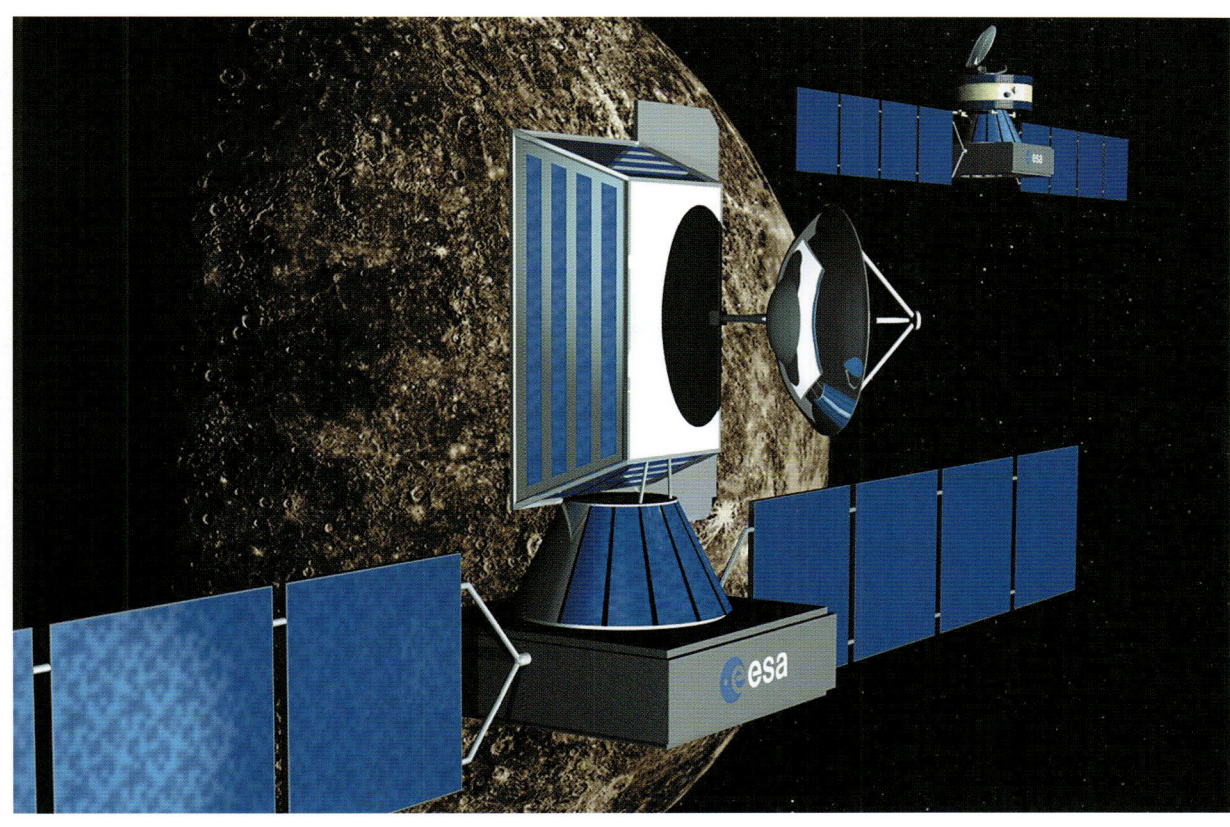

Die europäische Raumfahrtagentur ESA plant mit der Sonde „BepiColombo" Anfang des nächsten Jahrzehnts eine eigene Mission zum Merkur.

Lebt Beethoven auf dem Merkur?

Dem Namen nach ja, denn der mit 625 Kilometern Durchmesser größte Krater auf dem Merkur heißt Beethoven. Auch die anderen Krater dort sind nach Komponisten benannt.

Wie heiß ist es auf dem Merkur?

Nicht zuletzt aufgrund der mangelnden Atmosphäre schwankt die Temperatur auf dem Merkur sehr stark: Ist der Planet der Sonne gerade sehr nahe, können auf der Tagseite bis zu 430° Celsius herrschen, während es auf der Nachtseite mit -180° Celsius um ganze 610 Grad kälter ist.

Der Merkur benötigt für einen Umlauf um die Sonne 88 Erdtage, einmal um die eigene Achse dreht sich Merkur in etwas mehr als 58 Tagen. Damit entsprechen drei Tage auf dem Merkur exakt zwei Merkurjahren.

Wie viele Tage hat das Jahr auf dem Merkur?

Das Licht benötigt 3,2 Minuten, um die Strecke von der Sonne bis zum Merkur zurückzulegen. Da der Merkur deutlich näher an der Sonne ist als die Erde, bekommt er rund sieben Mal mehr Sonnenlicht ab als unser Heimatplanet.

Wie lange braucht das Licht von der Sonne bis zum Merkur?

Die Astronomen des 19. Jahrhunderts konnten sich die merkwürdige Umlaufbahn Merkurs nur mithilfe eines noch unentdeckten Planeten erklären, den sie Vulkan tauften. Anfang des 20. Jahrhunderts konnte diese Theorie jedoch widerlegt werden.

Was hat es mit dem Planeten Vulkan auf sich?

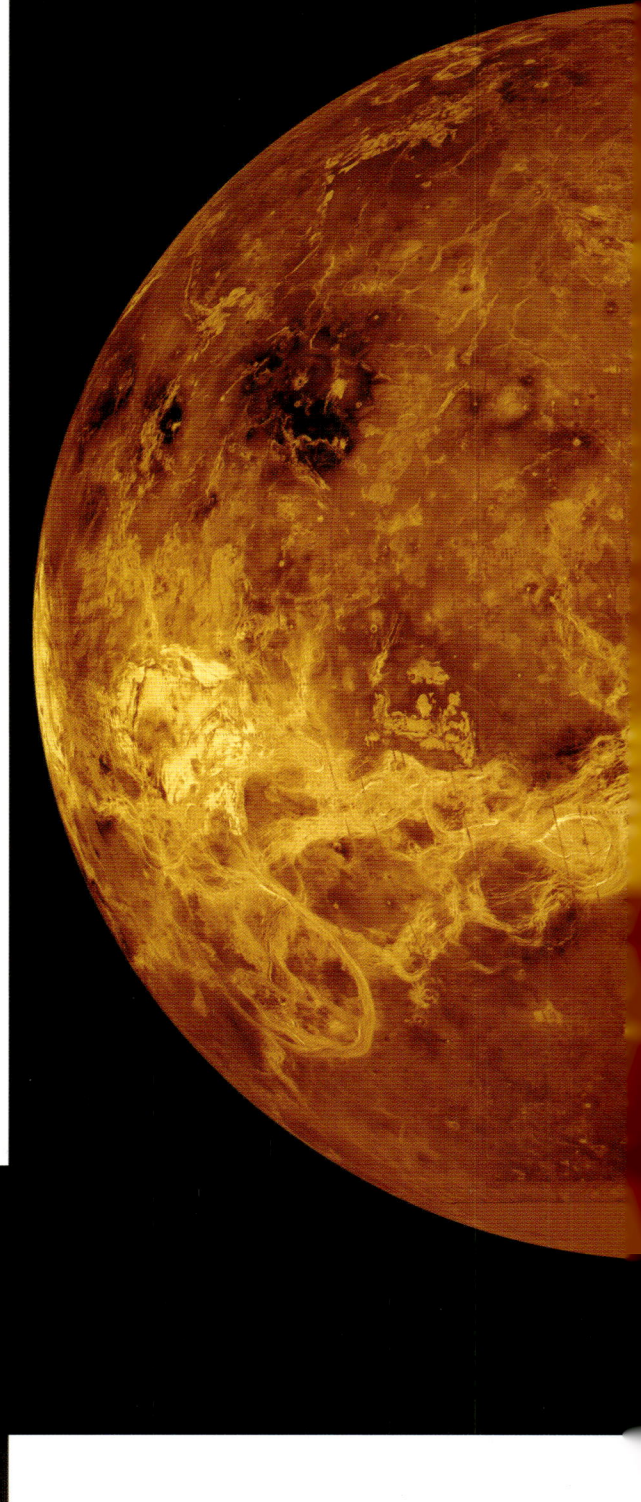

Wie weit ist die Venus von Sonne und Erde entfernt?

Die Venus bewegt sich auf einer fast kreisförmigen Bahn um die Sonne und ist rund 108 Millionen Kilometer von der Sonne entfernt. Der Abstand zur Erde beträgt zwischen 38 und 261 Millionen Kilometer.

Woher hat die Venus ihren Namen?

Venus gehört zu den Planeten, die schon im Altertum bekannt waren. Infolge ihrer Helligkeit ist sie auch schwer zu übersehen. Venus ist benannt nach der römischen Göttin der Liebe und der Schönheit.

Wieso wird die Venus zugleich Morgen- und Abendstern genannt?

Venus ist – nach der Sonne und dem Mond – das hellste Objekt am Himmel und kann oft als erster hell leuchtender Punkt am Abendhimmel oder noch früh am Morgen ausgemacht werden. Zu Zeiten ihrer größten Helligkeit kann Venus bei klarem Himmel sogar tagsüber mit bloßem Auge gesehen werden.

Wie groß ist die Venus?

Die Venus ist nur wenig kleiner als die Erde. Ihr Durchmesser am Äquator beträgt etwas mehr als 12100 Kilometer. Sie ist damit der sechsgrößte Planet im Sonnensystem.

An Bord einer Rakete des Typs Atlas-Agena B startet die Sonde „Mariner 1" zur Venus. Die Rakete kam jedoch fünf Minuten nach dem Start von Kurs ab und musste gesprengt werden.

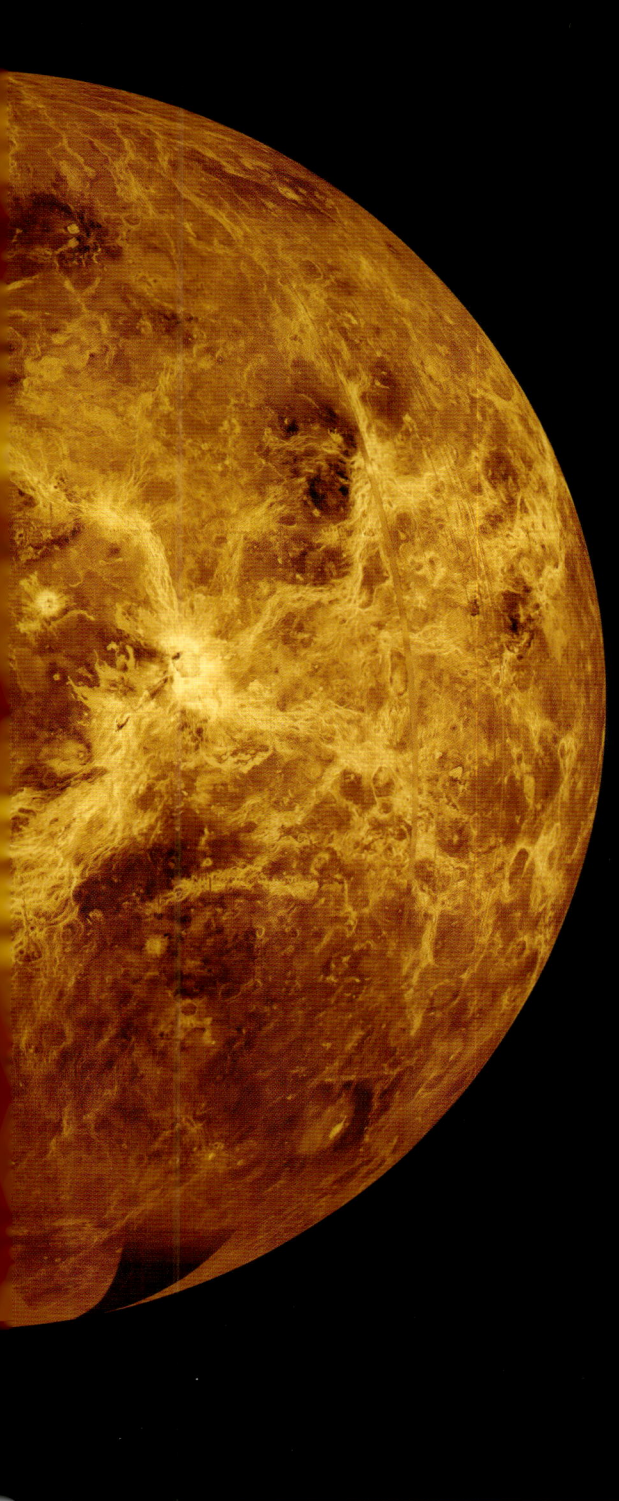

Die Venus scheint deutlich ebener zu sein als die Erde: Radarabtastungen ergaben, dass es auf unserem Nachbarplaneten nur zwei größere Hochländer gibt, nämlich Aphrodite Terra, das in etwa so groß ist wie Nordafrika, und Ischtar Terra, das etwa die Größe von Australien hat. Auf Ischtar Terra liegt auch das höchste Gebirge der Venus, die Maxwell Montes.

Venus benötigt für einen Umlauf um die Sonne rund 225 Tage, für eine Drehung um die eigene Achse aber 243 Tage. Damit ist ein Venustag länger als ein Venusjahr.

Die Venus hat eine sehr dichte Atmosphäre, die dafür sorgt, dass es überall auf dem Planeten extrem heiß ist. An der Oberfläche herrschen Temperaturen von rund 465 °C. Diese Atmosphäre ist auch der Grund dafür, dass man die Oberfläche der Venus von der Erde aus nicht mit normalen Teleskopen erkennen kann.

Bei einem Venustransit wandert die Venus von der Erde aus gesehen vor anstatt hinter der Sonnenscheibe entlang – ein sehr seltenes Ereignis.

Ein Modell der Venus-Oberfläche. Leider ist die Atmosphäre des Planeten zu dicht, um die Oberfläche direkt zu beobachten. Die Daten über Erhebungen und Vertiefungen wurden anhand der Messdaten mehrerer Raumsonden ermittelt.

Die Raumsonde „Mariner 2" umkreiste die Venus im Jahr 1962 für mehrere Monate.

Wie groß ist die Erde?

Unsere Erde hat einen Durchmesser von 12756 Kilometern am Äquator und von 12714 Kilometern an den Polen. Sie ist somit nicht ganz kugelförmig, sondern leicht abgeplattet, was man durch die Drehung der Erde erklären kann. Die Erde ist kleiner als Neptun, Uranus, Jupiter und Saturn, aber größer als die beiden inneren Planeten sowie als Mars und Pluto.

Wie weit ist die Erde von der Sonne entfernt?

Die Erde ist im Mittel 149,6 Millionen Kilometer von der Sonne entfernt. Sie ist damit der dritte Planet im Sonnensystem. Die Erde umläuft die Sonne auf einer nicht ganz kreisförmigen Bahn und ist ihr deswegen Anfang Januar rund fünf Millionen Kilometer näher als Anfang Juli. Die Erde läuft mit einer Geschwindigkeit von fast 30 Kilometern pro Sekunde um die Sonne.

Waren die Tage früher kürzer?

Ja, das stimmt. Ursache hierfür ist die Tatsache, dass die Drehung der Erde um sich selbst immer langsamer wird. Untersuchungen haben gezeigt, dass vor etwa 900 Millionen Jahren ein Jahr aus 481 Tagen bestand, die jeweils 18 Stunden dauerten.

Eine Aufnahme der Erde während der Apollo-17-Mission 1972. An den Wolkenverwirbelungen lässt sich das Wirken von Hoch-und Tiefdruckgebieten gut erkennen.

Die an der Westküste Amerikas gelegene Großstadt Los Angeles bedeckt rund elf Qudratkilometer Fläche.

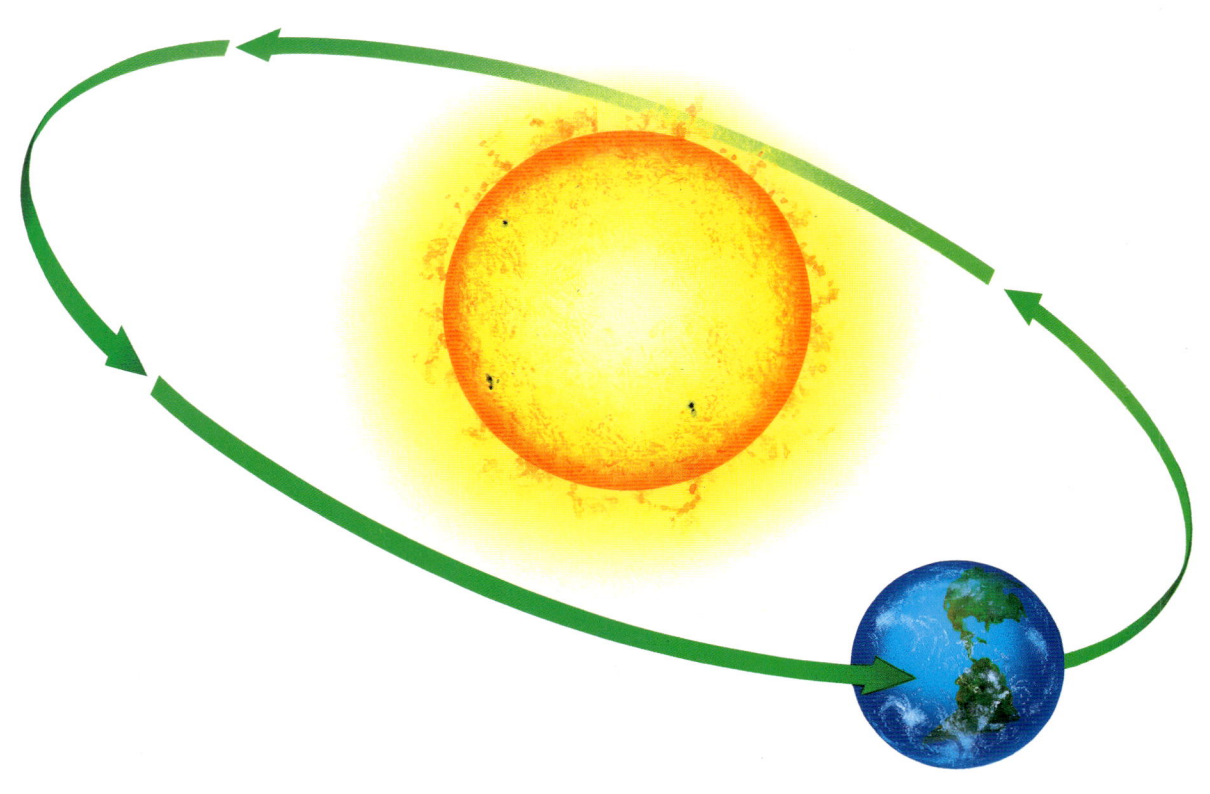

Die Erde umwandert die Sonne in einer eiförmigen Bahn, wodurch der Abstand der beiden Himmelskörper beträchtlich schwankt.

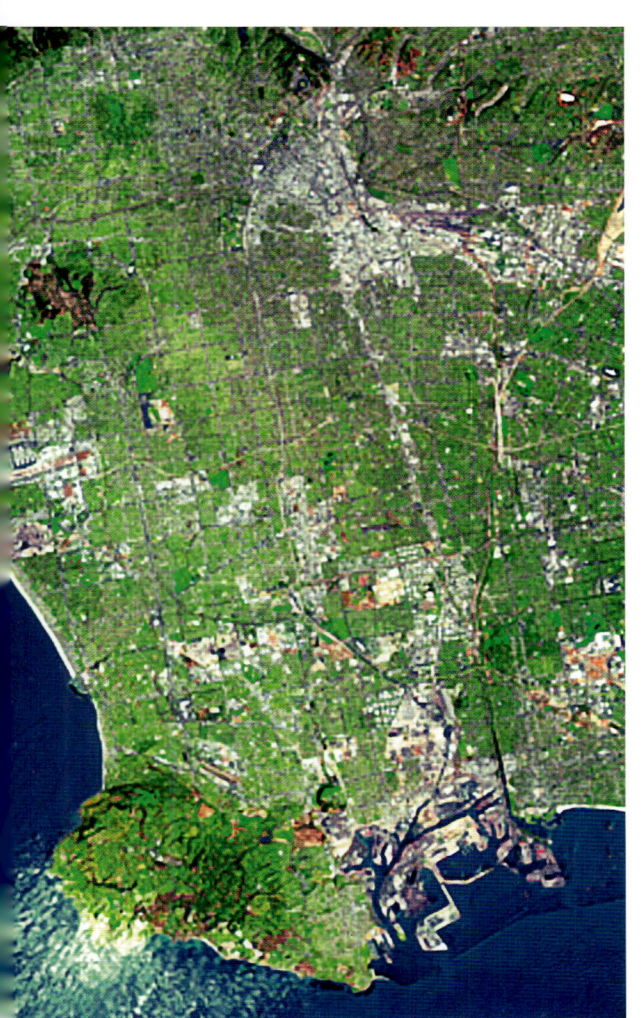

Die gedachte Drehachse der Erde steht nicht senkrecht zu der Ebene, in der sich die Erde um die Sonne dreht. Sie ist zu dieser Senkrechten etwa um 23 Grad geneigt. Die Erde läuft also leicht gekippt um die Sonne, was dazu führt, dass mal die südliche Erdhalbkugel der Sonne zugewandt ist und mal die Nordhalbkugel. Auf der der Sonne zugewandten Halbkugel herrscht jeweils Sommer, auf der abgewandten Seite Winter. Wenn bei uns der Winter beginnt, fängt in Australien gerade der Sommer an.

Wie entstehen Jahreszeiten?

Wenn man bis ins Zentrum der Erde bohren könnte, würde man durch unterschiedliche Schichten kommen: Zunächst durch die Erdkruste, die bis zu 40 Kilometer dick sein kann, unter den Ozeanen aber nur rund acht Kilometer dick ist. Daran schließt sich der fast 3000 Kilometer dicke Erdmantel an. Im Mittelpunkt der Erde liegt der Erdkern. Der innere Erdkern scheint fest zu sein, ist aber von einem flüssigen äußeren Kern umgeben.

Wie sieht es in der Erde aus?

Der höchste Berg der Erde ist der Mount Everest im Himalaja. Er hat eine Höhe von 8850 Metern. Er wurde erstmals 1953 bestiegen.

Wie hoch ist der höchste Berg der Erde?

Die tiefste Stelle in einem Ozean findet sich im West-Pazifik: „Challenger Deep" hat eine Tiefe von fast 11000 Metern. Benannt wurde sie nach dem britischen Forschungsschiff „Challenger 2".

Wie tief ist der tiefste Punkt des Meeres?

Die Erdkruste besteht aus acht großen und einigen kleinen Platten, die sich auf dem flüssigen Magmakern bewegen, auseinander driften oder zusammenstoßen. An den Grenzen zwischen den einzelnen Platten kommt es zu Vulkanismus und zu Erdbeben, da durch die Bewegung Spannungen in der Erdkruste entstehen.

Warum gibt es Erdbeben?

Wie viel Land gibt es?

Der größte Teil der Erde ist mit Wasser bedeckt: nur etwa 30 Prozent sind Land. Das sind aber immerhin rund 150 Millionen Quadratkilometer.

Was sind Längen- und Breitengrade?

Längen- und Breitengrade sind Linien, die zur Orientierung auf den meisten Karten und Globen eingezeichnet sind. Die Linien von Nord nach Süd heißen Längengrade, die von Ost nach West Breitengrade. Man hat festgelegt, dass der 0. Längengrad oder auch Nullmeridian durch das alte königliche Observatorium in Greenwich bei London verläuft. Der 0. Breitengrad ist der Äquator.

Was ist ein Polarlicht?

Polarlichter entstehen durch elektrisch geladene Teilchen, die von der Sonne stammen und durch das Magnetfeld der Erde zu den Polen hin abgelenkt werden. Hier können sie in die Atmosphäre der Erde eintreten, wo sie durch Zusammenstoß mit den dortigen Teilchen für das typische Leuchten sorgen. Polarlichter sind vor allem in nördlichen Ländern zu sehen, in Deutschland können sie dagegen nur bei heftiger Sonnenaktivität beobachtet werden.

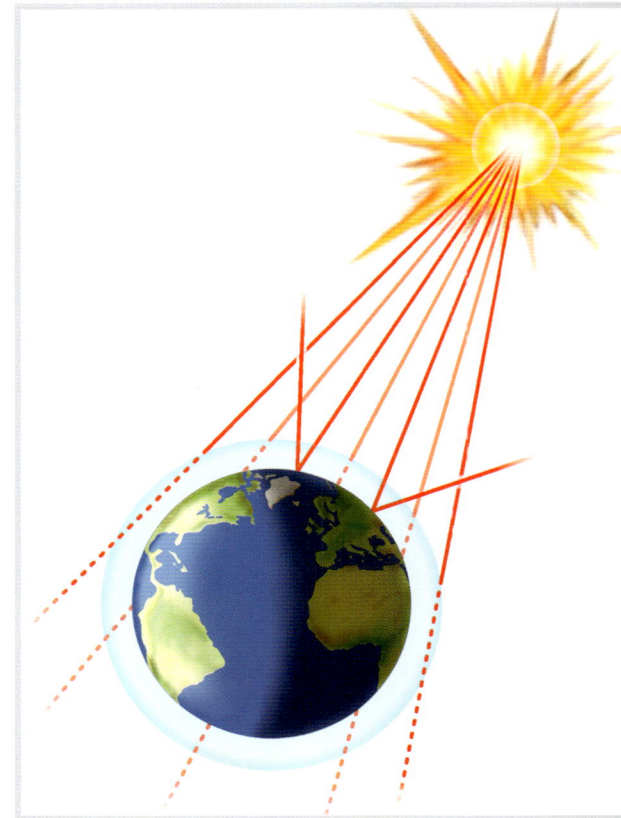

Beim Auftreffen auf die Erde verursachen die Solarteilchen leuchtende Polarlichter.

Wie viele Schichten hat die Atmosphäre?

Die Erdatmosphäre wird im Wesentlichen in fünf Schichten eingeteilt: Bis in eine Höhe von acht bis zwölf Kilometern erstreckt sich die Troposphäre. Daran schließen sich bis in eine Höhe von rund 50 Kilometern die Stratosphäre, bis in eine Höhe von 85 Kilometern die Mesosphäre und darüber die Thermosphäre an. Die äußerste Schicht der Atmosphäre ist die Exosphäre ab etwa 500 Kilometer Höhe. In den einzelnen Sphären werden auch noch weitere Schichten unterschieden, etwa die Ionosphäre oder die Ozonschicht.

Wolkenbildung einmal nicht von der Erde, sondern vom Weltraum aus gesehen.

Wo entsteht Wetter?

Das Wetter entsteht fast ausschließlich in der untersten Schicht der Atmosphäre, der Troposphäre, die bis rund zwölf Kilometer Höhe reicht.

Die Erdatmosphäre besteht zu 77 Prozent aus Stickstoff und zu 21 Prozent aus Sauerstoff. Den kleinen Rest machen andere Gase wie Kohlendioxid oder Wasserdampf aus. Der kleine Anteil von Kohlendioxid ist aber außerordentlich wichtig: Er sorgt – durch den Treibhauseffekt – für eine höhere Temperatur auf der Erdoberfläche. Ohne das Kohlendioxid würde die mittlere Temperatur der Erde nur -21 °C betragen. Leben, wie wir es kennen, wäre nicht möglich.

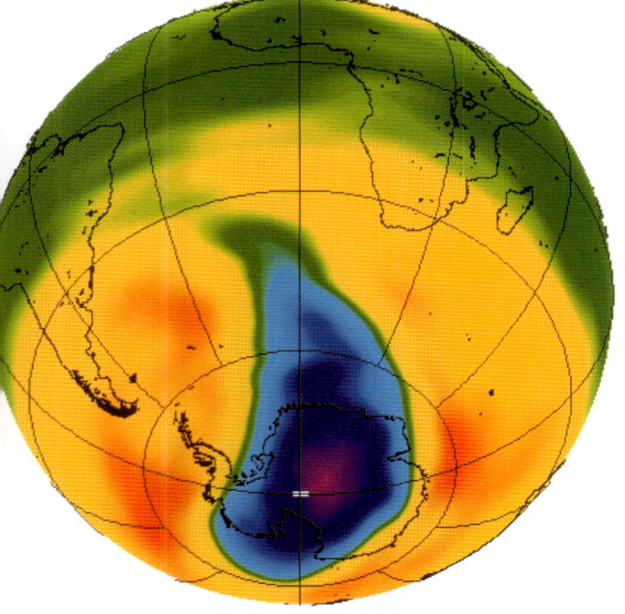

Mit entsprechenden Aufnahmegeräten lässt sich das Ozonloch in der Erdatmosphäre sichtbar machen.

In welcher Höhe fliegen Flugzeuge?

Große Flugzeuge fliegen in der Stratosphäre, um das Wettergeschehen unter sich zu lassen. Das hat den Vorteil, dass sie – außer bei Start und Landung – relativ unabhängig vom Wetter fliegen können. Wegen des niedrigen Luftdrucks benötigen sie dann aber druckdichte Kabinen.

Wo liegt die Ozonschicht?

Die Ozonschicht ist ein Bereich der Stratosphäre in etwa 25 Kilometer Höhe. Hier findet sich eine größere Konzentration von Ozon, einem Gas, das die gefährliche ultraviolette Strahlung aus dem Sonnenlicht herausfiltern kann. Dank ihm erreicht nur ein vergleichsweise harmloser Teil der ultravioletten Strahlung die Erdoberfläche.

Was ist das Ozonloch?

Man hat festgestellt, dass gewisse Stoffe in Spraydosen und Kühlschränken verheerende Folgen für die Ozonschicht haben: Die so genannten Fluorchlorkohlenwasserstoffe (kurz FCKW) steigen langsam in die Ozonschicht auf und zerstören dort das Ozon. Dadurch wird die Ozonschicht immer dünner, und mehr ultraviolette Strahlung erreicht die Erde. Das führt zu einer steigenden Zahl von Hautkrebsfällen.

Wie entstehen Ebbe und Flut?

Zweimal täglich kommt es an den Küsten zu Hoch- und Niedrigwasser. Diesen Wechsel nennt man Gezeiten. Sie entstehen durch die Anziehungskraft des Mondes: Jeweils ein Flutberg findet sich auf der dem Mond zu- bzw. abgewandten Seite der Erde, in den Bereichen dazwischen herrscht gerade Ebbe.

Was ist eine Springflut?

Neben dem Mond sorgt auch die Sonne durch ihre Anziehungskraft für Flutberge, die wegen der großen Entfernung aber kleiner ausfallen. Stehen Sonne und Mond aber so, dass sich ihre Anziehungskräfte ergänzen, kann es zu einer besonders hohen Flut, der Springflut, kommen.

Wie entstand der Mond?

Man vermutet, dass vor rund 4,5 Milliarden Jahren ein Objekt von etwa der Größe des Mars mit der Erde kollidiert ist. Das Trümmermaterial des Planeten und Teile der Erde sammelten sich in einer Scheibe, die um die Erde kreiste. Aus diesem Material entstand der Mond.

Wie schnell läuft der Mond um die Erde?

Die Bahngeschwindigkeit des Mondes beträgt rund einen Kilometer pro Sekunde, also rund 3600 Kilometer pro Stunde. Betrachtet man das Erde-Mond-System von oben und blickt auf den Nordpol der Erde, dreht sich der Mond entgegen dem Uhrzeigersinn um die Erde.

Warum sehen wir nur immer eine Seite des Mondes?

Das liegt daran, dass sich die Monddrehung dem Umlauf um die Erde angeglichen hat. Das heißt, dass sich der Mond während eines Umlaufs um die Erde auch einmal um sich selbst dreht und man somit immer nur eine Mondseite sieht.

Was sind Mondphasen?

In knapp einem Monat dreht sich der Mond einmal um die Erde. Dadurch wird er von der Sonne unterschiedlich beleuchtet: Liegt der Mond beispielsweise zwischen Erde und Sonne, sehen wir nur die Nachtseite des Mondes; es ist Neumond.

Der Mond benötigt 27,3 Tage für einen Erdumlauf. In genau der gleichen Zeit rotiert er auch einmal um die eigene Achse.

Die Herkunft des Erdmondes ist noch immer ungeklärt. Am wahrscheinlichsten gilt jedoch, dass er durch einen gewaltigen Asteroideneinschlag aus der Erde herausgebrochen wurde.

Bei einer Mondfinsternis wandert die Erde zwischen Sonne und Vollmond, sodass der Mond im Schatten der Erde liegt. Mondfinsternisse sind überall da zu sehen, wo der Mond schon aufgegangen ist.

Wie kommt es zu einer Mondfinsternis?

Das liegt an der Bahn des Mondes um die Erde. Diese läuft nicht genau in der gleichen Ebene, in der sich die Erde um die Sonne dreht. Aus dem gleichen Grunde gibt es auch nicht bei jedem Neumond eine Sonnenfinsternis.

Warum gibt es nicht jeden Monat eine Mondfinsternis?

Ja, das tut er. Nach aktuellen Messungen vergrößert sich der Bahnradius des Mondes um 3,8 Zentimeter pro Jahr. Der Grund hierfür liegt in den Gezeiten, die der Mond auf der Erde verursacht.

Entfernt sich der Mond von der Erde?

Die Mondmeere sind dunkle Flächen auf der Mondoberfläche, die die ersten Menschen, die den Mond studierten, offenbar an Meere erinnerten. Sie haben allerdings mit unseren Meeren auf der Erde nichts zu tun. Das größte unter den Mondmeeren ist das Mare Imbrium mit einem Durchmesser von 960 Kilometern. Es ist vermutlich der Einschlagkrater eines Kleinplaneten.

Was sind die Mondmeere?

Führt die Bahn des Mondes ihn zwischen Sonne und Erde, kommt es auf unserem Planeten zu einer Sonnenfinsternis.

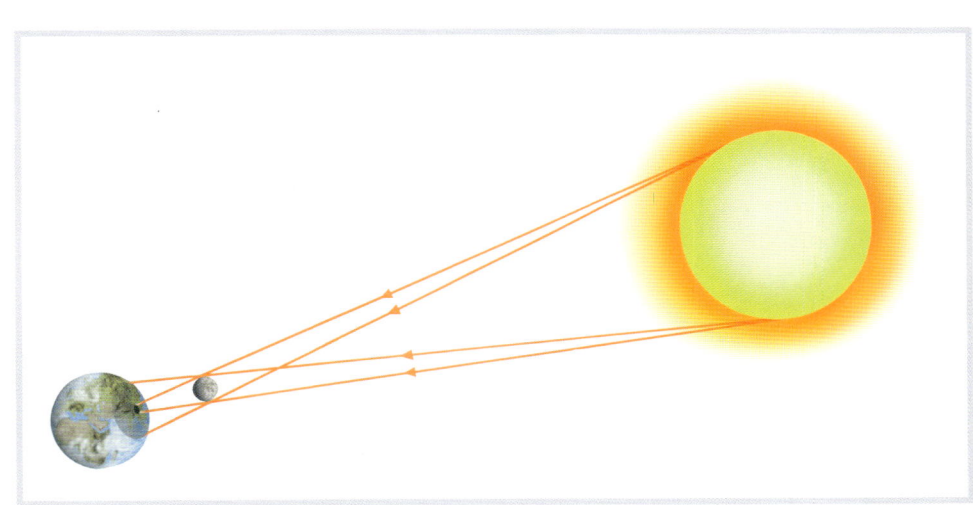

Wie weit ist der Mars von Sonne und Erde entfernt?

Der Mars ist rund 228 Millionen Kilometer von der Sonne entfernt – das entspricht etwa dem 1,5fachen der Entfernung der Erde von der Sonne. Von der Erde zum Mars beträgt die Entfernung – je nach Stellung der Planeten – zwischen 56 und 401 Millionen Kilometer.

Wie groß ist der Mars?

Der Mars hat einen Durchmesser von rund 6800 Kilometern am Äquator und ist damit etwas mehr als halb so groß wie unsere Erde.

Warum heißt der Mars auch „Roter Planet"?

Das liegt an der rötlichen Farbe des Bodens. Die Gesteine auf dem Mars sind recht eisenhaltig und haben daher rötlichen Rost angesetzt.

Woher hat der Mars seinen Namen ?

Der mit bloßen Auge zu sehen Mars ist schon in der Antike bekannt gewesen. Vermutlich wurde der Planet aufgrund seiner blutroten Farbe nach dem römischen Gott des Krieges benannt.

Wie lange dauert ein Mars-Flug ?

Ein Flug zum Mars dauert selbst unter idealen Bedingungen, d.h. wenn sich Mars und Erde am nächsten stehen, rund sechs bis sieben Monate.

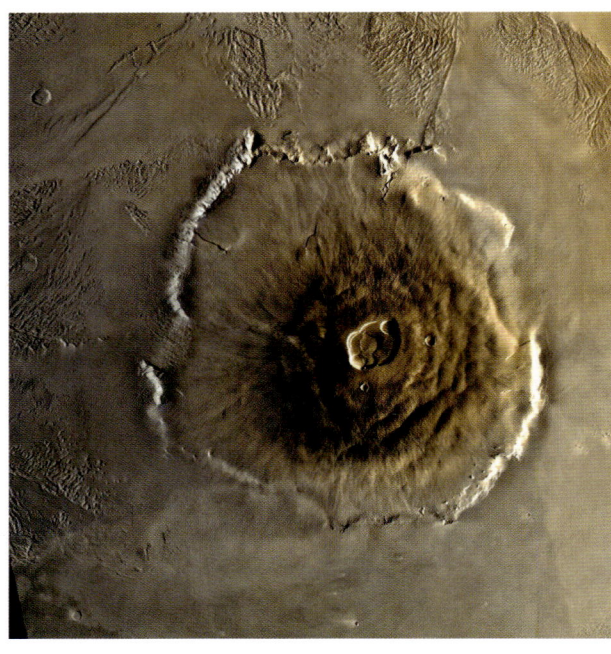

Der Olympus Mons ist der größte Vulkan im Sonnensystem. Er ist etwa 26 Kilometer hoch.

*Start der Raumsonde „Viking 1".
Sie erreichte den roten
Planeten Mitte des Jahres 1976.*

Die europäische Sonde „Mars Express" soll den Mars mindestens für ein Marsjahr (687 Tage) umkreisen und dabei Daten von dessen Oberfläche zur Erde senden.

Was ist der Olympus Mons?

Der auf dem Mars gelegene Vulkan Olympus Mons ist mit einer Höhe von 26 Kilometern die größte bekannte Erhebung unseres Sonnensystems.

Was sind Marskanäle?

1877 entdeckte der italienische Astronom Schiaparelli die so genannten „Marskanäle", ein System gerader dunkler Linien, das vielerorts für die Bauwerke von Außerirdischen gehalten wurde. Neuere Aufnahmen zeigten dann aber, dass es sich dabei – ähnlich wie bei dem „Marsgesicht" – nur um eine optische Täuschung handelte.

Der Mars hat zwei Monde: Phobos und Deimos. Beide Monde sind winzig, der größere – Phobos – hat nur einen Durchmesser von 22 Kilometern. Vermutlich handelt es sich bei beiden um Asteroiden, die vom Mars „eingefangen" wurden.

Phobos umrundet den Mars in einer Höhe von knapp 6000 Kilometern, die Höhe seiner Umlaufbahn verringert sich jedoch zurzeit etwa um 1,8 Meter pro Jahrhundert. Forscher gehen daher davon aus, dass der Mond in rund 50 Millionen Jahren auf den Mars stürzt.

Auf dem roten Planeten ist es im Vergleich zu unserer Erde eher kalt: Die durchschnittliche Jahrestemperatur beträgt etwa -65° Celsius. Allerdings gibt es auch auf dem Mars Jahreszeiten, sodass die Oberflächentemperaturen zwischen -133 und 27° Celsius schwanken.

Wie viele Monde hat der Mars?

Wird Phobos auf den Mars stürzen?

Wie heiß ist es auf dem Mars?

Wie sieht es auf der Oberfläche des Mars aus?

Der Mars verfügt über eine der vielfältigsten Oberflächen im Sonnensystem: Gewaltige Berge stehen neben eindrucksvollen, bis zu sieben Kilometer tiefen Tälern, starke Stürme sorgen beständig für neue Verwehungen, und in den Polargebieten verändern die Polkappen ihre Größe mit dem Lauf der Jahreszeiten.

Gab es auf dem Mars früher einmal Wasser und ist es vielleicht sogar heute noch dort?

Viele Wissenschaftler glauben, dass es auf dem Mars einmal eine Periode mit feuchtem Klima, Seen und vielleicht sogar Meeren gegeben hat. Jüngste Untersuchungen sowie zahlreiche Landschaftsformationen, die an ausgetrocknete Flussläufe erinnern, stützen diese Vermutung. Diese „feuchte" Periode dürfte zwar schon recht lange vorüber sein, es könnte sich aber bis heute Wasser im Marsboden gehalten haben.

Gab oder gibt es auf dem Mars Leben?

Dass es heute noch Leben auf dem Mars gibt, ist eher unwahrscheinlich. Ob es überhaupt einmal Leben auf dem Mars gab, ist nicht klar: Zwar fand man in Meteoriten, die vom Mars stammen, mögliche Spuren primitiver Lebensformen, doch viele Wissenschaftler bestreiten, dass diese einen überzeugenden Beweis darstellen.

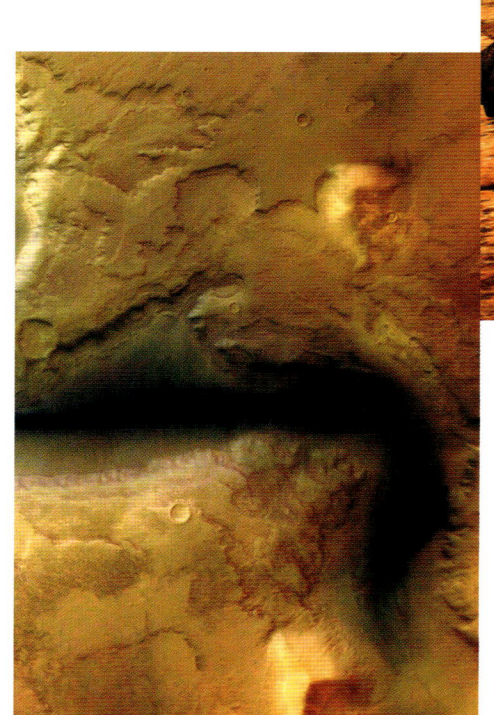

Diese Aufnahme zeigt ein über eine Million Quadratkilometer großes Gebiet mit dem Namen Reull Vallis. Es wurde 2004 von der Raumsonde „Mars Express" aufgenommen.

Der rote Planet wurde schon oft besucht: „Mariner 4" lieferte bereits 1965 erste Bilder, die russische „Mars 2" versuchte 1971 – erfolglos – eine Landung. Einige Jahre später lieferten die beiden Viking-Sonden erneut eindrucksvolle Bilder. 1997 fuhr im Rahmen der „Pathfinder"-Mission ein kleiner Rover auf dem Mars umher, dem 2004 die Marsrover „Spirit" und „Opportunity" folgten.

Von welchen Sonden wurde der Mars bisher besucht?

Das kann niemand mit Sicherheit sagen. Momentan wird davon ausgegangen, dass frühestens 2030 ein Mensch den Mars betritt.

Wann werden die Menschen den Mars besuchen?

Vielleicht ist das tatsächlich einmal möglich. Dazu muss man jedoch zunächst verstehen, warum sich der Mars anders entwickelt hat als die Erde. Erst dann kann auch versucht werden, diese Vorgänge umzukehren.

Ist es möglich, den Mars bewohnbar zu machen?

Alle zwei Jahre stehen Erde und Mars recht dicht beieinander, was die Reisedauer zum Mars erheblich verkürzt. So starteten die letzten Missionen zum Mars 1997, 1999, 2001 und 2003.

Wann starten Mars-Sonden?

Einer der beiden amerikanischen Marsrover „Spirit" und „Opportunity" bei der Erkundung des Roten Planeten.

Auf der Oberfläche des Mars gibt es sehr viel Eisen. Es verleiht dem Planeten seine rötliche Färbung.

Wie weit ist Jupiter von der Sonne und von der Erde entfernt?

Jupiter ist rund 778 Millionen Kilometer von der Sonne entfernt, das ist etwa mehr als fünfmal weiter als die Erde. Die Entfernung Jupiters von der Erde beträgt zwischen 589 und 968 Millionen Kilometern.

Wer hat Jupiter entdeckt und woher hat er seinen Namen?

Jupiter ist nach Sonne, Mond und Venus das vierthellste Objekt am Himmel und daher schon in der Antike bekannt gewesen. Jupiter ist in der Mythologie der König der Götter.

Wie viel größer hätte Jupiter sein müssen, um eine Sonne zu werden?

Um selbst eine Sonne zu werden, hätte Jupiter eine so große Masse haben müssen, dass in seinem Inneren Temperaturen erreicht werden, bei denen Kernfusionsprozesse möglich sind. Man schätzt, dass Jupiter mindestens 80-mal mehr Masse haben müsste, um dies zu erreichen.

Wie groß ist Jupiter?

Jupiter ist der mit Abstand größte Planet im Sonnensystem. Er hat einen Durchmesser von über 142000 Kilometern am Äquator, das ist über elfmal der Durchmesser der Erde. Die Masse des Jupiters ist mehr als doppelt so groß wie die Masse aller anderen Planeten des Sonnensystems zusammen.

Unzählige Wirbelstürme verleihen der Oberfläche des Jupiter eine einzigartige Struktur.

Die Raumsonde Galileo benötigte mehr als sieben Jahre, um ihr Ziel, den Planeten Jupiter, zu erreichen.

Die Wolkenbänder des Jupiter scheinen recht stabil zu sein und selbst über Jahrzehnte hinweg ihre Form zu behalten.

Jupiter wurde bereits von sehr vielen Raumsonden besucht: Die erste Sonde war Pioneer 10 im Jahr 1973, es folgten Pioneer 11 und die beiden Voyager-Sonden, sowie Ulysses. Schließlich kreiste Galileo acht Jahre lang im Jupiter-System.

Von welchen Raumsonden wurde Jupiter bislang besucht?

Jupiter benötigt fast zwölf Erdenjahre für einen Umlauf um die Sonne. Er dreht sich in weniger als zehn Stunden um die eigene Achse.

Wie lange dauert ein Jupiterjahr?

Jupiter hat, genau wie die anderen Gasplaneten Saturn, Uranus und Neptun, keine feste Oberfläche. Sie bestehen aus Gas, das immer dichter wird, je tiefer man in die Atmosphäre eintaucht. Vermutlich verfügt Jupiter aber über einen festen Kern. Darüber befindet sich eine Schicht aus metallischem, flüssigem Wasserstoff. Diese exotische Form des Wasserstoffs wird nur durch den extremen Druck möglich, der hier herrscht. Diese Schicht dürfte auch für das starke Magnetfeld des Jupiters verantwortlich sein. Alles, was man vom Jupiter sieht, ist allerdings die Wolkendecke des Planeten.

Warum nennt man Jupiter einen Gasplaneten?

Das Innere des Jupiter ist noch nicht sonderlich gut erforscht. Auch die kleine Sonde, die Galileo in die Atmosphäre des Jupiter schickte, hat nur bis in rund 150 Kilometer Tiefe Daten geliefert. Danach war der Druck einfach zu groß, die Sonde wurde zerquetscht. Deswegen ist auch ein Vordringen zum Kern oder lediglich in tiefere Atmosphärenschichten der Gasplaneten unmöglich.

Kann man auf dem festen Kern des Jupiter landen?

1992 kam der Komet Shoemaker-Levy 9 dem Jupiter zu nahe und zerbrach in mindestens 21 Teile, die zwischen dem 16. und 22. Juli 1994 in den Jupiter stürzten. Zum ersten Mal überhaupt konnten Wissenschaftler die Kollision zweier Objekte im Sonnensystem verfolgen.

Was passierte, als Jupiter vom Kometen Shoemaker-Levy 9 getroffen wurde?

Woraus besteht die Atmosphäre des Jupiter und wie kalt ist es dort?

Die Atmosphäre des Jupiter besteht zum überwiegenden Teil aus Wasserstoff. An der Obergrenze der Wolken ist es bis zu -150 °C kalt. Die Winde in der Atmosphäre können fünfmal stärker sein als Orkane auf der Erde.

Was ist der „Große Rote Fleck"?

Der „Große Rote Fleck" ist ein gewaltiges Sturmsystem, das schon seit mehreren Jahrhunderten beobachtet werden kann. Es ist so groß, dass die Erde zweimal darin Platz hätte. Es gibt auch andere, kleinere Sturmsysteme, die über viele Jahrzehnte hinweg verfolgt werden konnten. Wie diese Systeme so lange Zeit stabil bleiben können, ist bis heute nicht verstanden.

Wie viele Monde hat Jupiter?

Zurzeit sind 63 Monde des Jupiter bekannt, allein 23 Monde wurden im Jahr 2003 entdeckt. Es handelt sich dabei oft um winzige Brocken mit einem Durchmesser von nur wenigen Kilometern. Es dürften hauptsächlich eingefangene Asteroiden sein. Die vier größten Jupitermonde Ganymed, Kallisto, Io und Europa wurden bereits 1610 von Galileo Galilei entdeckt. Sie werden deswegen auch die „Galilei'schen Monde" genannt.

Warum war die Entdeckung der vier Jupitermonde so etwas Besonderes?

Als Galileo Galilei entdeckte, dass sich die vier Jupitermonde um den Jupiter bewegen, war das zu seiner Zeit eine Sensation. Damals glaubte die Mehrheit – und vor allem die Kirche – noch daran, dass sich alles um die Erde als Zentrum des Universums drehe. Durch die Entdeckung der Jupitermonde war klar, dass sich manche Objekte offenbar nicht um die Erde drehten.

Welcher ist der größte Mond im Sonnensystem?

Ganymed ist mit einem Durchmesser von 5262 Kilometern der größte Mond im Sonnensystem. Er ist größer als Merkur und deutlich größer als Pluto. Ganymed besteht aus einer eisigen Oberfläche, die teilweise von Kratern übersät ist.

Vom Aufbau her ist der Gasriese Jupiter nahezu identisch mit der Sonne.

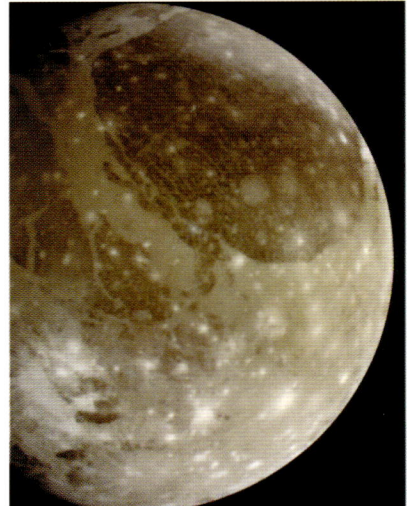

Die hellen Punkte auf der Oberfläche von Ganymed weisen auf kürzlich erfolgte Meteoreinschläge hin.

Immer wieder haben Menschen behauptet, die vier größten Jupitermonde mit bloßem Auge erkennen zu können, was eigentlich nicht möglich ist. Dies taten auch zwei Schwestern aus Hamburg im 19. Jahrhundert: Ihre Beobachtungen schienen immer zu stimmen. Doch dann bemerkte jemand, dass sie die Stellung der Monde immer spiegelverkehrt angaben, genau wie in astronomischen Tabellen für umkehrende Teleskope verzeichnet – der Betrug war aufgeflogen.

Die Jupitermonde Io, Europa, Ganymed und Kallisto (von oben nach unten)

Gibt es auf Europa einen Ozean?

Aufnahmen der Sonde Galilei zeigen, dass der Jupitermond Europa eine eisige und zerklüftete Oberfläche besitzt. Außerdem fand die Sonde Hinweise darauf, dass sich die Oberfläche des Mondes ständig verändert. Ursache hierfür dürfte die starke Anziehungskraft des Jupiter, aber auch die der anderen Monde sein, die Europa regelrecht auseinander zieht. Dadurch könnte genug Wärme erzeugt werden, um Teile der Kruste unter der Oberfläche zum Schmelzen zu bringen, wodurch Ozeane oder Seen entstehen könnten.

Gibt es Leben auf Europa?

Dass auf dem Jupitermond Europa eventuell Wasser vorhanden ist, bedeutet nicht, dass es dort auch Leben gibt. Allerdings gilt Europa als einer der Orte im Sonnensystem, wo zumindest die Möglichkeit besteht, dass sich Leben entwickeln konnte – wenn auch nur ein primitives.

Hat ein Jupitermond aktive Vulkane?

Ja. Der Jupitermond Io hat eine Oberfläche, die sich von denen jedes anderen Körpers im Sonnensystem unterscheidet: Man findet kaum Einschlagskrater auf Io, sodass seine Oberfläche relativ jung sein muss. Dafür fand man aber Hinweise auf vulkanische Aktivität und konnte sogar Vulkanausbrüche beobachten. Aufgrund der niedrigen Schwerkraft reichten die Auswürfe bis zu 200 Kilometer weit ins All.

Hat Jupiter auch Ringe?

Auch Jupiter verfügt über ein Ringsystem, das allerdings nicht so eindrucksvoll ist wie das des Saturn. Es wurde erst durch Voyager 1 entdeckt, und der Fund war eine große Überraschung

Kann ich Jupiter und seine Monde selbst beobachten?

Ja. Jupiter kann man mit bloßem Auge erkennen, mit einem Fernglas erkennt man die vier Galilei'schen Monde, und ein kleines Teleskop erlaubt es, einige Wolkenbänder und den „Großen Roten Fleck" auf dem Jupiter zu erkennen.

Wie weit ist Saturn von Sonne und Erde entfernt?

Saturn ist rund 1,4 Milliarden Kilometer von der Sonne entfernt, das ist fast zehnmal weiter als die Erde. Die Entfernung von der Erde beträgt je nach Zeitpunkt zwischen 1,2 und 1,7 Milliarden Kilometern.

Woher hat Saturn seinen Namen?

Auch Saturn gehört zu den Planeten, die bereits den Menschen der Antike bekannt waren. Saturn war in der römischen Götterwelt der Gott der Landwirtschaft.

Wie groß ist Saturn?

Saturn ist nach Jupiter der zweitgrößte Planet im Sonnensystem. Er hat einen Durchmesser von über 120000 Kilometern, das ist rund das Zehnfache des Durchmessers der Erde. Die Masse ist im Vergleich zu seiner Größe jedoch gering: Er hat nur die 95fache Masse der Erde. Jupiter, dessen Durchmesser nur etwa 20000 Kilometer größer ist, hat dagegen eine über dreimal größere Masse als Saturn.

Warum ist Saturn so flachgedrückt?

Mithilfe eines Teleskops kann man die etwas abgeplättete Form des Saturn gut erkennen. Sie ist eine Folge der starken Rotation und auch bei anderen Gasplaneten zu finden, allerdings nirgends so stark wie bei Saturn.

Ähnlich wie die Erde besitzt auch der Saturn eine schräg gestellte Achse – deshalb kippt sein Ring während eines Sonnenumlaufs langsam hin und her.

Saturn wurde zum ersten Mal im Jahr 1979 von Pioneer 11 besucht und später auch von Voyager 1 und 2. Die europäisch-amerikanische Mission Cassini soll den Planeten und seine Monde Mitte 2004 gründlich erforschen.

Von welchen Sonden wurde Saturn besucht?

Saturn hat eine äußerst geringe Dichte, die sogar noch kleiner ist als die von Wasser. Das macht den Saturn zum Planeten mit der geringsten Dichte in unserem Sonnensystem.

Warum ist Saturn so leicht?

Ja, Jupiter und Saturn sind sehr ähnlich aufgebaut: Beides sind Gasplaneten und haben keine feste Oberfläche. Auch Saturn dürfte tief im Inneren seiner Atmosphäre einen festen Kern haben. Oberhalb davon befindet sich – wie beim Jupiter – eine Schicht aus metallischem Wasserstoff.

Ähnelt Saturn in seinem Aufbau dem Jupiter?

Ja, allerdings sind die Bänder, die die Beobachtung des Jupiter so interessant machen, auf dem Saturn weniger ausgeprägt. Wolkenstrukturen lassen sich nicht im Detail beobachten, sodass erst die Voyager-Sonden den weiteren Vergleich mit Jupiter ermöglichten. Man fand auch auf Saturn lange und stabile Sturmsysteme wie den „Großen Roten Fleck" auf dem Jupiter.

Hat auch Saturn Wolken und Sturmsysteme wie Jupiter?

Ein hoher Methananteil in der Atmosphäre ist der Grund für die ungewöhnlich sanften Farbverläufe der Saturnoberfläche.

Polarlichter lassen sich nicht nur auf der Erde, sondern auch auf anderen Planeten beobachten.

Wie viele Monde hat Saturn?

Zurzeit sind 31 Monde des Saturn bekannt, und genau wie beim Jupiter wurden allein 13 Monde in den letzten Jahren entdeckt. Der größte Mond, Titan, hat einen Durchmesser von 5150 Kilometern und wurde bereits 1655 von Huygens entdeckt. Rhea – der zweitgrößte Saturnmond – hat einen Durchmesser von nur 1530 Kilometern. Rhea wurde 1672 von Cassini entdeckt.

Warum ist der Saturnmond Titan einzigartig?

Der Titan ist der mit Abstand größte Mond des Saturn. Er hat einen größeren Durchmesser als der Merkur und ist auch deutlich größer als der Pluto. Der Titan ist zudem der einzige Mond im Sonnensystem, der eine dichte Atmosphäre hat.

Kann es auf dem Titan Leben geben?

Das weiß man nicht, aber die Zusammensetzung der Titanatmosphäre ähnelt in mancher Weise den Bedingungen, die auf der Erde geherrscht haben müssen, als das erste Leben entstand. Von daher warten die Forscher gespannt auf die Ergebnisse der kleinen Sonde Huygens.

Die von der ESA entwickelte Sonde Huygens soll erstmals Daten von der Oberfläche des Jupitermondes Titan zur Erde senden.

Zwischen den Teilringen des Saturn ist deutlich die als Cassinische Teilung bekannte Lücke zu erkennen.

Jupiter und einige seiner Monde, zusammgestellt aus Aufnahmen der Voyager-Sonde.

Was sind Hirtenmonde?

Saturn besitzt insgesamt acht Hirtenmonde, die in oder am Rand der Ringe ihre Bahn haben. So kreisen beispielsweise Pandora und Prometheus an den beiden Seiten des Saturn-F-Rings um den Gasriesen. Die Monde haben einen Durchmesser von weniger als 50 Kilometern und wurden erst 1980 aufgespürt.

Kann ich den Saturn und seine Monde selbst beobachten?

Ja. Saturn lässt sich problemlos auch mit bloßem Auge am Nachthimmel erkennen, und bereits mit einem kleinen Teleskop kann man wunderbar die Ringe und die größeren Saturnmonde beobachten.

Gleich nach der Erfindung des Fernrohres fiel verschiedenen Astronomen auf, dass der Saturn merkwürdige Ausbuchtungen zeigte, doch erst 1656 erkannte Christiaan Huygens, dass es sich um einen frei schwebenden Ring handelt. Der Saturn wird seitdem auch Ringplanet genannt.

Die Ringe des Saturn bestehen aus kleinen Brocken aus Staub und Eis, die sich in einer Bahn um den Saturn bewegen. Sie haben einen maximalen Durchmesser von vielleicht zehn Metern. Die Ringe selbst sind außerordentlich dünn und weniger als einen Kilometer dick.

Die Cassinische Teilung ist eine dunkle Linie auf dem Saturnring, die der Astronom Cassini 1675 entdeckte. Sie ist eigentlich eine 4500 Kilometer breite Lücke zwischen den ersten beiden der drei Ringe , die man von der Erde aus erkennen kann.

Warum heißt der Saturn auch Ringplanet?

Woraus bestehen die Saturnringe?

Was ist die Cassinische Teilung?

Wie weit ist Uranus von Sonne und Erde entfernt?

Uranus ist durchschnittlich 2,9 Milliarden Kilometer von der Sonne entfernt, das ist rund 19 Mal weiter als die Erde. Die Entfernung vom Uranus zur Erde beträgt zwischen 2,6 und 3,2 Milliarden Kilometern.

Liegt Uranus auf der Seite?

Ja, Uranus liegt in der Tat auf der Seite: Die Drehachse aller anderen Planeten ist in etwa senkrecht zu der gedachten Ebene, in der sich der Planet um die Sonne bewegt. Uranus' Drehachse liegt dagegen in dieser Ebene. Dadurch erhalten die Polargebiete mehr Sonnenenergie als die Äquatorregionen. Kurioserweise scheint es trotzdem am Uranusäquator wärmer zu sein. Warum das so ist, hat man noch nicht verstanden.

Wie lange dauert ein Uranusjahr?

Uranus dreht sich in etwas mehr als 17 Stunden einmal um seine eigene Achse und braucht für eine Umrundung der Sonne fast genau 84 Jahre.

Wie groß ist Uranus?

Uranus hat am Äquator einen Durchmesser von rund 51 000 Kilometern und ist damit etwas mehr als viermal größer als die Erde.

Die um fast 100° geneigte Rotationsebene von Uranus ist in unserem Sonnensystem einzigartig.

Uranus wurde bislang nur von Voyager 2 besucht. Die Sonde flog am 24. Januar 1986 an dem Gasplaneten vorüber.

Von welchen Sonden wurde Uranus besucht?

Ja. Seit dem Besuch von Voyager 2 weiß man, dass Uranus mindestens elf Ringe besitzt, die oft nur einige hundert Meter breit sind. Die Ringe bestehen aus kleinen dunklen Teilchen mit einem Durchmesser von nur wenigen Zentimetern. Die Ringe des Uranus waren die ersten, die nach den Saturnringen entdeckt wurden. Damit stand fest, dass Ringe keine Besonderheit des Saturn waren.

Hat Uranus auch Ringe?

Ja, gerade noch, allerdings nur unter optimalen Bedingungen. Bessere Chancen hat man mit einem kleinen Fernglas, wenn man weiß, wo man suchen muss.

Kann man den Uranus schon mit bloßem Auge sehen?

Man kennt zurzeit 27 Uranusmonde. Viele sind allerdings recht klein und haben einen Durchmesser von nur weniger als 100 Kilometern. Der größte Uranusmond ist Titania mit einem Durchmesser von fast 1600 Kilometern.

Wie viele Monde hat Uranus?

Uranus ist vergleichsweise unscheinbar und nur schwer zu beobachten. Hobbyastronomen schenken ihm daher selten Beachtung.

Titania ist der größte und bekannteste Uranusmond.

Wie weit ist Neptun von Sonne und Erde entfernt?

Neptun ist durchschnittlich 4,5 Milliarden Kilometer von der Sonne entfernt, das ist 30-mal die Entfernung der Erde von der Sonne. Von der Erde zum Neptun sind es zwischen 4,3 und 4,7 Milliarden Kilometer. Da sich die Bahnen von Pluto und Neptun kreuzen, ist Neptun für einige Jahre sogar der äußerste Planet des Sonnensystems.

Wie groß ist Neptun?

Neptun hat einen Durchmesser von etwa 50000 Kilometern und ist damit knapp vier Mal so groß wie die Erde. Neptun ist der viertgrößte Planet im Sonnensystem.

Wer hat Neptun entdeckt und woher hat dieser seinen Namen?

Neptun wurde am 23. September 1846 von Johann Gottfried Galle und Heinrich Louis d'Arrest erstmals beobachtet. Allerdings war der Fund alles andere als zufällig: Schon seit vielen Jahren hatte man außerhalb der Bahn des Uranus noch einen anderen Planeten vermutet. Die Position des Neptun wurde von Urbain Leverrier und John Couch Adams unabhängig voneinander vorhergesagt. Neptun hat seinen Namen von dem römischen Gott des Meeres.

Ähnlich wie auf dem Jupiter fand man auch auf dem Neptun ein riesiges Wirbelsturmzentrum. Mittlerweile hat es sich aber wieder aufgelöst.

Mit Temperaturen knapp über dem absoluten Nullpunkt ist der Neptunmond Triton der kälteste Himmelskörper des Sonnensytems.

Trotz ihrer hellweißen Farbe bestehen Neptuns Wolken nicht aus Wasserdampf, sondern Methaneis.

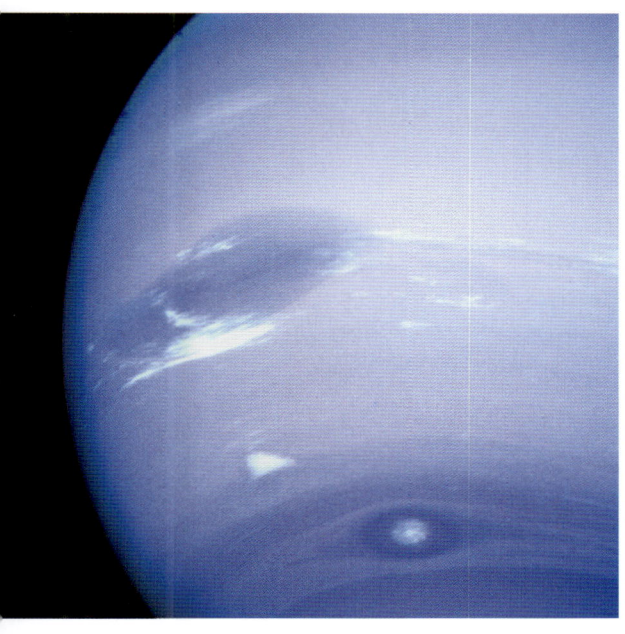

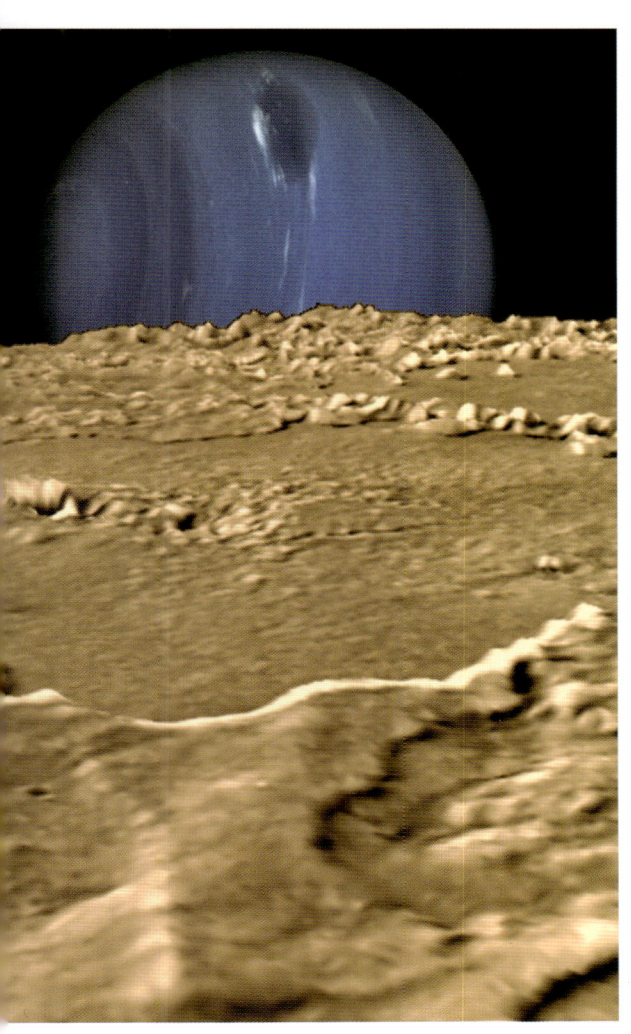

Neptun benötigt für einen Umlauf um die Sonne knapp 165 Jahre, um seine eigene Achse dreht er sich in etwas mehr als 16 Stunden.

Der Neptun wurde bislang von nur einer Raumsonde besucht: Am 25. August 1989 flog Voyager 2 in einem Abstand von nur 4905 Kilometern über die Wolkenobergrenze des Planeten.

Ja, allerdings muss man genau wissen, wo sich der Planet befindet. Um mehr als ein kleines Planetenscheibchen zu sehen, benötigt man schon ein großes Teleskop.

Man hat bisher 13 Monde entdeckt. Den größten Mond, Triton, bereits 1846, Nereid 1949 und sechs weitere 1989 nach dem Flug von Voyager 2. Die übrigen Monde wurden erst in den vergangenen Jahren aufgespürt. Es ist nicht unwahrscheinlich, dass in den kommenden Jahren noch weitere Monde hinzukommen. Triton dreht sich gegen die Drehrichtung der anderen Monde um den Neptun, und man vermutet, das es sich bei ihm um ein Objekt handelt, das früher einmal von Neptun „eingefangen" wurde. Das ist ungewöhnlich für einen so großen Mond.

Neptun ist ein Gasplanet. Er verfügt zwar vermutlich über einen festen Kern aus Gesteinen, doch darüber liegt eine dicke Atmosphäre, die überwiegend aus Wasserstoff besteht. Dadurch herrscht in seinem Inneren ein gewaltiger Druck, der jede Erkundung des Inneren unmöglich macht. Auf den ersten Aufnahmen von Voyager 2 erschien Neptun fast blau. Vermutlich liegt das an dem Vorhandensein von Methan in der Atmosphäre. Auf dem Neptun herrschen sehr unwirtliche Bedingungen: Es gibt dort die vermutlich stärksten Stürme des gesamten Sonnensystems.

Wie weit ist der Pluto von Sonne und Erde entfernt?

Der Pluto ist der Planet, der am weitesten von der Sonne entfernt ist: Durchschnittlich ist er 5,9 Milliarden Kilometer von der Sonne weg, das ist fast 40-mal weiter als die Entfernung der Erde von der Sonne. Allerdings umkreist der Pluto die Sonne auf einer extrem eiförmigen Bahn. Sein Abstand zur Erde schwankt daher zwischen 4,3 und 7,5 Milliarden Kilometern.

Kann der Pluto mit dem Neptun kollidieren?

Die Bahn des Pluto verläuft auf einem kleinen Teilstück innerhalb der Bahn des Neptun, sodass Neptun für einige Jahre der sonnenfernste Planet ist. Kollidieren können die Planeten allerdings nicht, da sich ihre Bahnen in einer so genannten 3:2-Resonanz befinden. Das bedeutet, dass drei Umläufe des Neptun exakt zwei Pluto-Umläufen entsprechen. Dadurch kommen sich die beiden Planeten nie näher als 2,7 Milliarden Kilometer.

Plutos Oberfläche ist von einer dicken Eisschicht aus Wasser und Methan umgeben.

Warum war die Entdeckung des Pluto ein Zufall?

Astronomen hatten schon länger einen Planeten außerhalb der Neptunbahn vermutet und aus winzigen Störungen der Bahnen von Uranus und Neptun versucht, dessen genaue Position zu berechnen. Clyde W. Tombaugh entdeckte anhand dieser Daten am 18. Februar 1930 den nach dem Gott der Unterwelt benannten Pluto. Hinterher stellte sich allerdings heraus, dass die Berechnungen falsch waren.

Wie lange dauert ein Jahr auf dem Pluto?

Der Pluto benötigt für eine Umrundung der Sonne fast 248 Jahre. Ein Tag auf dem Pluto dauert über sechs Erdtage.

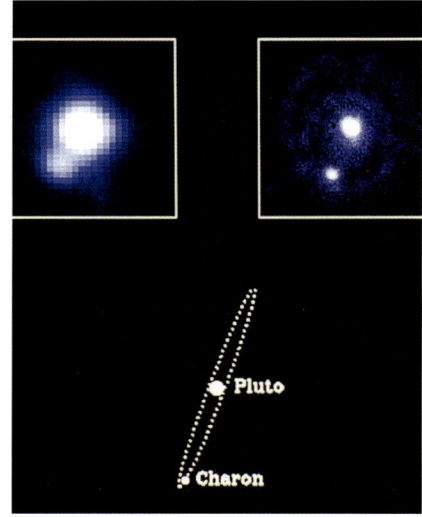

Gibt es Monde, die größer sind als Pluto?

Ja. Der Pluto ist der kleinste Planet im Sonnensystem und hat einen Durchmesser von nur 2274 Kilometern. Damit sind sieben Monde größer als Pluto, nämlich unser Mond, die Jupitermonde Io, Europa, Ganymed und Kallisto, der Saturnmond Titan und der Neptunmond Triton.

Erst nach über 40 Jahren erkannte man, dass das, was man bisher für den Planeten Pluto gehalten hatte, in Wirklichkeit zwei Himmelskörper waren.

Der Pluto hat eine verblüffende Ähnlichkeit mit dem Neptunmond Triton. Das führte Astronomen schon früh zu der Vermutung, dass Pluto und Triton eventuell eine gemeinsame Geschichte haben könnten. Einige Astronomen spekulierten sogar, dass der Pluto einmal ein Neptunmond war, was heute allerdings nicht mehr angenommen wird. Allerdings könnte der Triton früher durchaus wie Pluto unabhängig vom Neptun um unsere Sonne gekreist sein.

Selbst mithilfe des Hubble-Weltraum-teleskops lassen sich Pluto und Charon nur verschwommen erkennen.

1999 gab es eine hitzige Diskussion darüber, ob der Pluto wirklich ein Planet ist. Man hatte nämlich jenseits der Neptunbahn eine ganze Reihe anderer Objekte entdeckt, die zwar nicht ganz so groß wie Pluto waren, aber schon eine beachtliche Größe hatten. Man nennt sie „Trans-Neptun-Objekte", und sie befinden sich im so genannten Kuiper-Gürtel. Von seiner Entstehungsgeschichte her ist der Pluto vermutlich eher ein solches Trans-Neptun-Objekt, wenn auch das größte. Die Internationale Astronomische Union beendete die Diskussion aber schnell und gab bekannt, dass keine Statusänderung für den Pluto geplant sei.

Warum wollte man Pluto seinen Status als Planet aberkennen?

Da der Pluto bislang noch von keiner Raumsonde besucht wurde, weiß man recht wenig über seine Oberfläche. Sie wird vermutlich aus gefrorenen Gasen bestehen. Es herrschen Temperaturen von bis zu -230 °C.

Wie sieht es auf der Oberfläche des Pluto aus?

Erst 1978 entdeckte man, dass der Pluto einen Mond hat: Charon. Bis dahin hatte man beide Objekte zusammen für einen Planeten gehalten, der dadurch als deutlich größer erschien.

Warum dachte man lange, dass Pluto größer sei?

Charon hat einen Durchmesser von fast 1200 Kilometern, was mehr als der Hälfte des Pluto-Durchmessers entspricht. Kein anderer Mond ist im Vergleich zu seinem Planeten so groß. Manche bezeichnen Pluto und Charon daher auch als Doppelplaneten.

Was ist das Besondere am Charon?

Charon umrundet Pluto in einem Abstand von 19400 Kilometern auf einer kreisförmigen Bahn alle 6,387 Tage. Damit dauert ein Umlauf von Charon um Pluto exakt genauso lange, wie Pluto für eine Drehung um die eigene Achse benötigt. Das bedeutet, dass Pluto und Charon einander immer die gleiche Seite zuwenden.

Wieso ist das System Pluto-Charon einzigartig im Sonnensystem?

Was ist der Asteroidengürtel?

Als Asteroidengürtel bezeichnet man einen Bereich zwischen Mars und Jupiter, in dem sich viele Asteroiden oder Kleinplaneten befinden. Mittlerweile hat man viele Tausend dieser Kleinplaneten gefunden, die teilweise auch Bahnen haben, die sie aus dem Bereich zwischen der Jupiter- und der Marsbahn hinausführen.

Was war die Himmelspolizei?

Lange Zeit suchte man zwischen Mars und Jupiter nach einem weiteren Planeten. Deswegen taten sich im Jahr 1800 Astronomen zusammen, um systematisch nach diesem unentdeckten Planeten zu suchen. Man nannte sie „Himmelspolizei". Doch bevor sie ihre Arbeit richtig aufnehmen konnten, war Ceres, der erste Asteroid des Asteroidengürtels, schon entdeckt worden

Welcher ist der größte Kleinplanet?

Der Ceres ist nicht nur der erste Kleinplanet, der im Asteroidengürtel entdeckt wurde, sondern auch der größte. Er hat einen Durchmesser von rund 1000 Kilometern. Mit dieser Größe dürfte er schätzungsweise ein Drittel der Masse aller Asteroiden im Asteroidengürtel haben. Der Ceres dreht sich in etwas mehr als neun Stunden einmal um seine eigene Achse. Für einen Umlauf um die Sonne benötigt er 4,6 Jahre.

Die Größe der im Asteroidengürtel eingefangenen Objekte reicht von Staubkörnern bis hin zu dem knapp 1000 Kilometer großen Planetoiden Ceres.

Der Kuiper-Gürtel ist eine Region, die sich hinter der Neptunbahn in 30- bis 100facher Entfernung der Erde von der Sonne erstreckt. In dieser Gegend befinden sich eine Unzahl von vereisten Felsbrocken, die gelegentlich aus ihrer Bahn geworfen werden und dann als Kometen in die Nähe der Sonne und der Erde kommen.

Was ist der Kuiper-Gürtel?

Ja. So hat beispielsweise der Asteroid Eugenia einen kleinen Mond von rund 13 Kilometern Durchmesser.

Können auch Asteroiden Monde haben?

Sie hat keinen zweiten Mond, aber ein weiterer Begleiter: 3753 Cruithne. Vor einigen Jahren entdeckten Wissenschaftler, dass der schon vor längerer Zeit aufgespürte Asteroid einen Orbit um die Erde hat. An seinem erdnächsten Punkt ist er 15 Millionen Kilometer von der Erde entfernt (rund 40-mal weiter als der Mond), an seinem erdfernsten Punkt 375 Millionen Kilometer.

Hat die Erde wirklich einen zweiten Mond?

Ja, das können sie in der Tat. So flog beispielsweise im März 2004 ein rund 30 Meter großer Brocken in nur 43000 Kilometern Entfernung an der Erde vorüber und somit deutlich innerhalb der Bahn des Mondes.

Können Asteroiden der Erde nahe kommen?

Der Asteroidengürtel verläuft zwischen den Planeten Mars und Jupiter und enthält eine ganze Reihe von Kleinstplaneten, den so genannten Planetoiden.

Der Planetoid Ida ist etwa 52 Kilometer lang. Vermutlich entstand er bei einem Zusammenstoß zweier weitaus größerer Planetoiden.

Was ist der Unterschied zwischen Meteoriten, Meteoren und Kometen?

Kometen, die wegen ihrer Zusammensetzung oft auch als „schmutzige Schneebälle" bezeichnet werden, umkreisen auf langen Bahnen die Sonne. Meteoriten sind Gesteinsbrocken, die auf die Erde stürzen. Die Leuchterscheinung, die dabei am Himmel verursacht wird, nennt man Meteor.

Warum hatten die Menschen früher Angst vor Kometen?

Erscheinungen am Himmel wurden früher oft als Zeichen der Götter gedeutet. Wenn plötzlich ein Komet am Himmel erschien, galt dies als böses Vorzeichen für Hungersnöte oder Krankheiten.

Woher kommt der Begriff Komet?

Die Bezeichnung „Komet" stammt aus dem Griechischen und bedeutet „Haarstern". Damit war der Schweif des Kometen gemeint, der manche an ein Haarbüschel erinnerte.

Warum deutet der Kometenschweif von der Sonne weg?

Ein Kometenschweif entsteht dann, wenn sich der „schmutzige Schneeball" so weit der Sonne nähert, dass Oberflächenmaterial „abtaut". Der Sonnenwind trägt diese Teilchen vom Kometen fort, weshalb der dabei entstehende Schweif immer von der Sonne weg gerichtet ist.

Schlägt ein Meteorit auf der Erde ein, verursacht er verheerde Zerstörungen auf der Oberfläche und reißt einen tiefen Krater.

Der Planet Jupiter nach dem Einschlag eines Bruchstücks des Kometen Shoemaker-Levy-9.

1997 zog der Komet Hale-Bopp durch das Sonnensystem. Sein Kern ist fast dreimal so groß wie der des Halleyschen Kometen.

Welches ist der größte Meteorit?

Der größte Meteorit befindet sich auf der Hoba-Farm im afrikanischen Namibia. Er ist 2,05 mal 2,84 mal 1,25 Meter groß und hat ein Gewicht von rund 60 Tonnen.

Was passierte 1908 in Tunguska?

Beim so genannten Tunguska-Ereignis explodierte am 30. Juni 1908 vermutlich ein Objekt mit einem Durchmesser von rund 100 Metern in einigen Kilometern Höhe über dem Erdboden. Die Druckwelle sorgte dafür, dass in Sibirien der Wald auf einer Fläche von etwa 1200 Quadratkilometern zerstört wurde.

Man schätzt, dass jeden Tag rund 40 Tonnen an Meteoritenmaterial die Erde erreichen. Den größten Teil davon stellen allerdings kaum milimetergroße Mikrometeoriten.

In Süden des Landes zwischen Schwäbischer und Fränkischer Alb liegt das Nördlinger Ries. Dieser vor rund 15 Millionen Jahren entstandene, 25 Kilometer große Krater wurde durch den Einschlag eines Objekt von 500 bis 1000 Meter Durchmesser geschaffen.

Das ist sogar wahrscheinlich: Man geht davon aus, dass ein Objekt mit einem Durchmesser von über 50 Metern rund alle 100 Jahre auf die Erde trifft. Einschläge von Objekten mit einem Durchmesser von einem Kilometer oder mehr finden jedoch höchstens alle 100000 Jahre statt.

Wie viele Meteoriten stürzen jeden Tag auf die Erde?

Gibt es in Deutschland Meteoritenkrater?

Kann die Erde auch heute noch getroffen werden?

R A U M F A H R T

Von den ersten Ideen einer Landung auf dem Mond im 19. Jahrhundert bis zur erfolgreichen Mission von Apollo 11 im Juli 1969 vergingen nicht mehr als 100 Jahre. Die Fortschritte in der Raumfahrt sind gewaltig. Heute ist sie aus unserem Leben kaum mehr wegzudenken: Keine Fernsehübertragung, keine Wettervorhersage wäre ohne Hilfe eines Satelliten im Erdorbit möglich. Doch diese Leistungen wären nie ohne Menschen erreicht worden, die als echte Pioniere ihr Leben für den Fortschritt riskierten und es manchmal auch verloren. Tragische Katastrophen machten immer wieder deutlich, dass die Reise ins All auch heute noch ein Abenteuer ist.

Wer benutzte die ersten Raketen?

Die Chinesen setzten im Krieg und für Festlichkeiten primitive Raketen, so genannte Feuerpfeile, ein. Der erste Einsatz fand bei der Belagerung der Stadt Kai-fung-fu im Jahr 1232 statt.

Wer beschrieb die erste mehrstufige Rakete?

Vor etwa 40 Jahren fand man in einem Archiv ein altes Manuskript aus dem Jahr 1529, das von dem Rüstmeister und Zeugwart Conrad Haas verfasst wurde. Er beschreibt darin detailliert verschiedene mehrstufige Raketentypen.

Wer hatte als Erster die Idee, mit Raketen ins All zu fliegen?

Schon der Schriftsteller Jules Verne beschrieb in einem Buch eine Reise zum Mond, jedoch mithilfe einer riesigen Kanone. Erst der Russe Konstantin Ziolkowski beschäftigte sich damit, ob man Raketen für eine Reise ins All verwenden könne.

Wer erfand die erste moderne Rakete?

Der Amerikaner Robert H. Goddard gilt als Vater der modernen Raketentechnik: Er konstruierte die erste mit Flüssigtreibstoff angetriebene Rakete und testete sie erfolgreich am 16. März 1926.

Wer ist der „Vater der Raumfahrt"?

„Vater der Raumfahrt" wird meist der deutsche Hermann Oberth genannt, der in seinen Büchern fundierte Zukunftsvisionen über bemannte Weltraumreisen entwarf.

Die bei der Zerschlagung des Dritten Reiches erbeutete deutsche Raketentechnik schuf wichtige Grundlagen für ein eigenes Raketenprogramm der USA. Die letzten Modelle der V2 (Bild) waren technisch bereits weitgehend ausgereift.

Erste eigene Erfolge feierte das US-amerikanische Raketen-programm mit Flugkörpern vom Typ Juno. Im Bild eine Juno 2 von 1959, die einen Satelliten in den Orbit trägt.

Nach frühen Experimenten mit Raketen in und um Berlin zog die deutsche Raketenentwicklung etwa 1935 nach Peenemünde an der Ostsee um. Hier fanden während der nächsten zehn Jahre ausführliche Raketentests statt – allerdings nicht, um damit ins All zu fliegen, sondern um eine überlegene Waffe zum Sieg im Zweiten Weltkrieg zu entwickeln.

Welche Bedeutung besitzt Peenemünde für die Raumfahrt?

Wernher von Braun ist wohl der Raketenpionier schlechthin: Er arbeitete zunächst mit Hermann Oberth in Peenemünde am deutschen Raketen-programm, wurde aber nach dem verlorenen Krieg in die USA geholt. Er war maßgeblich an der Entwicklung der amerikanischen Raketen beteiligt und gilt als „Vater" der Saturn-Raketen, die für das Apollo-Mondlandeprogramm verwendet wurden.

Wer war Wernher von Braun?

Die NASA, die *National Aeronautics and Space Administration*, wurde am 1. Oktober 1958 gegründet. Sie vereinte verschiedene Regierungs-behörden und eine Art Vorgängerorganisation der NASA, das *National Advisory Committee for Aeronautics*.

Wann wurde die NASA gegründet?

Das erste NASA-Programm war das Mercury-Pro-gramm. Sein Ziel war es, den ersten Amerikaner in eine Erdumlaufbahn zu bringen. Danach folgte das Programm Gemini, in dem eine Raumkapsel für zwei Astronauten und Technologien für die Apollo-Mission entwickelt werden sollten.

Worin bestand das erste Programm der NASA?

Die erste Raumstation starteten die Russen mit der knapp 16 Meter langen und 19 Tonnen schweren Saljut 1 am 19. April 1971. Zwei Raum-schiffe besuchten sie, Sojus 10 und Sojus 11. Nach 175 Tagen im All verglühte Saljut 1 am 11. Oktober 1971 in der Erdatmosphäre.

Wann wurde die erste Raumstation gestartet?

Welches war das erste Lebewesen im Weltraum?

Im November 1957 startete die Sowjetunion den Satelliten Sputnik 2. An Bord befand sich die Polarhündin Laika. Man wollte herausfinden, ob ein Lebewesen eine Reise ins All überleben kann.

Welcher Mensch durchbrach erstmals die Schallmauer?

Der erste Mensch, der die so genannte Schallmauer durchbrach, war Charles E. Yeager. Der 1923 geborene Testpilot beschleunigte am 14. Oktober 1947 mit einem X-1 Flugzeug auf eine Geschwindigkeit von 1100 Kilometern pro Stunde und erreichte damit Schallgeschwindigkeit.

Wer war der „Vater" des sowjetischen Raumfahrtprogramms?

Der wichtigste Mann für die Anfangsjahre der sowjetischen Raumfahrt war Sergej Koroljow. Er gilt als der Vater der R-7-Rakete, des ersten Satelliten Sputnik 1 sowie des ersten erfolgreichen Fluges eines Menschen in den Weltraum.

Was sind Hohmann-Bahnen?

Der deutsche Ingenieur Walter Hohmann berechnete schon in den 1920er Jahren die günstigsten Bahnen, um andere Planeten zu erreichen. Die Flugbahnen, bei denen man am wenigsten Treibstoff benötigt, werden noch heute „Hohmann-Bahnen" genannt.

An Bord der Rakete „Freedom 7" schossen die USA am 5. Mai 1961 den ersten Amerikaner ins All. Alan B. Shepard Jr. diente als Versuchskaninchen für die Auswirkungen der starken Beschleunigung beim Start und beim Wiedereintritt in die Atmosphäre.

Am 12. April 1961 flog der damals 27-jährige Russe Jurij Gagarin an Bord des Raumschiffes „Wostok" als erster Mensch ins All. Ihm folgte 23 Tage später der Amerikaner Alan B. Shepard Jr. an Bord der „Freedom 7".

Wer waren die ersten Menschen im All?

Die Shuttle-Mission STS-93, die das Röntgenteleskop Chandra ins All ausgesetzt hat, wurde von Eileen Collins kommandiert. Collins hatte schon an früheren Shuttle-Missionen teilgenommen, doch mit dem Einsatz im Juli 1999 wurde sie zur ersten Frau, die eine Raumfähre kommandierte.

Hat schon einmal eine Frau ein Space Shuttle kommandiert?

Neil Armstrong, der erste Mann auf dem Mond, hatte als Kampfpilot im Koreakrieg gekämpft und kam 1962 zur NASA. Er flog erstmals im Rahmen der Mission „Gemini 6" im März 1966 ins All. Dabei wurde ein Andockmanöver für das Apollo-Programm getestet.

Wann flog Neil Armstrong zum ersten Mal ins All?

Der amerikanische Geschäftsmann Dennis Tito flog im Frühjahr 2001 an Bord eines Sojus-Raumschiffs zur Internationalen Weltraumstation ISS und hielt sich dort sechs Tage lang auf. Er soll dafür 20 Millionen Dollar bezahlt haben.

Wer war der erste Weltraumtourist?

Neil Armstrong betrat nach der Landung der Raumfähre „Eagle" als erster Mensch den Mond. Die Landung am 20. Juli 1969 wurde weltweit live übertragen. Berühmt wurde Armstrongs Ausspruch „Es ist ein kleiner Schritt für mich, aber ein Riesenschritt für die Menschheit".

Die Astronautin Eileen Collins war die erste Frau, die ein Space Shuttle kommandierte.

Was sind Satelliten?

Jeder Körper oder jedes Objekt, das sich um ein anderes herumbewegt, wird Satellit genannt. So ist z. B. der Mond ein Satellit der Erde. Meist wird der Begriff Satellit aber für einen unbemannten Flugkörper verwendet, der die Erde umkreist.

Wer nutzt Satelliten?

Jeder: Ohne Satelliten würde sich unser Leben stark verändern. Wettervorhersagen würden ungenauer, Fernsehübertragungen aus anderen Ländern wären nicht „live" möglich und nach Übersee zu telefonieren deutlich teurer.

Was sind geostationäre Satelliten?

In einer Höhe von rund 36000 Kilometern entspricht die Geschwindigkeit eines Satelliten genau der Erddrehung. In diesem „geostationären Orbit" bleiben sie daher immer über dem gleichen Punkt auf der Erde stehen.

Woher beziehen Satelliten ihre Energie?

Die meisten Satelliten verfügen über Solarzellen, um die benötigte Energie zu gewinnen. Die Solarzellen sind entweder auf dem Satelliten direkt angebracht oder aber auf so genannten Sonnensegeln, die meist wie die Flügel des Satelliten aussehen und immer Richtung Sonne ausgerichtet sein müssen.

Der von Europa und Japan entwickelte Artemis-Satellit dient unter anderem der Erprobung von Kommunikation mittels Laserstrahlen.

Envisat ist der teuerste Satellit der ESA. Er soll allmähliche Veränderungen im Ökosystem der Erde aufspüren und beobachten.

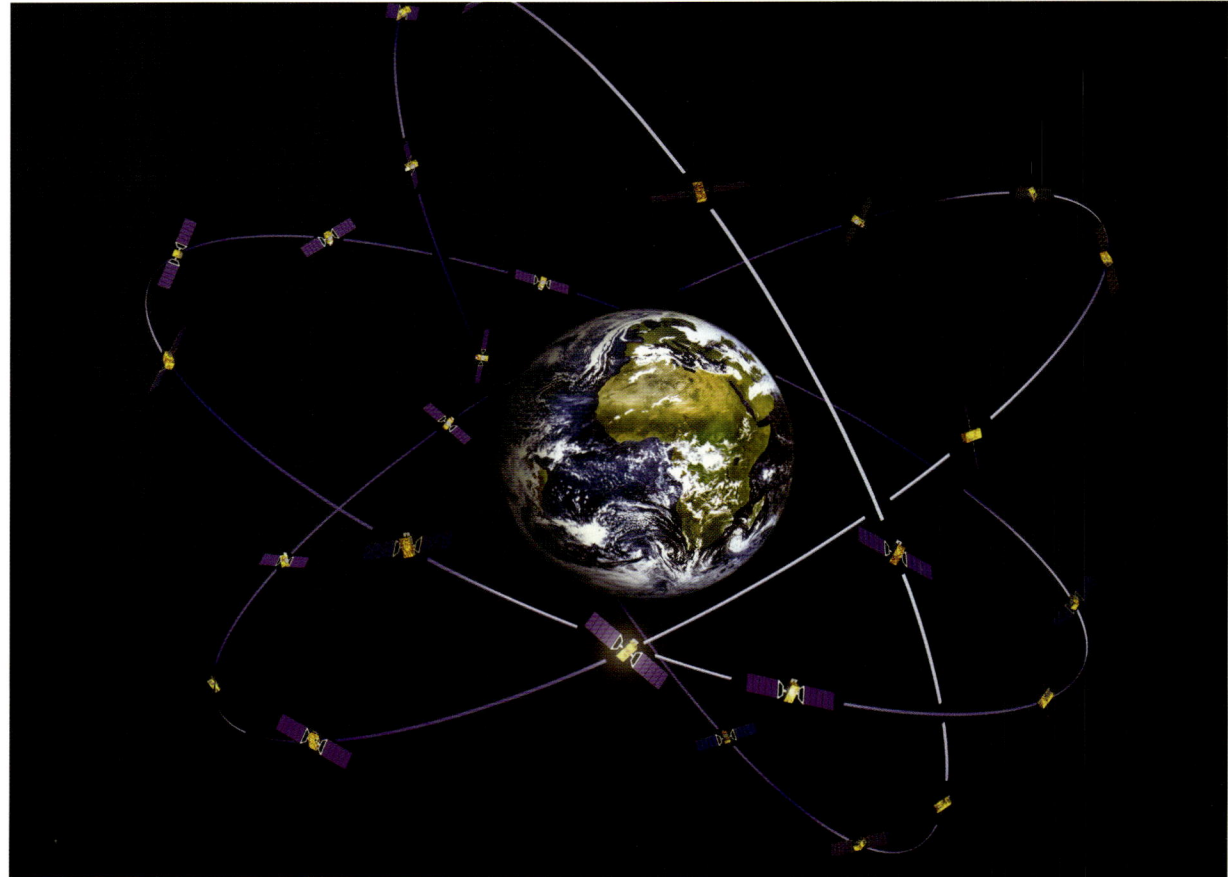

Die ESA hofft, mit Galileo ein eigenes Satellitennavigationssystem im Orbit der Erde aufbauen zu können.

Der erste Satellit war Sputnik 1 und wurde von der Sowjetunion am 4. Oktober 1957 in eine Erdumlaufbahn gebracht. Sputnik 1 hatte nur einen Durchmesser von 58 Zentimetern und ein Gewicht von knapp 84 Kilogramm.

Welches war der erste Satellit?

Die meisten Satelliten gehören privaten Firmen, die Dienstleistungen wie etwa Kommunikation oder Fernsehübertragungen anbieten. Andere Satelliten gehören Forschungsorganisationen oder dem Militär. Die Kamerasysteme von militärischen Satelliten sind extrem leistungsfähig und können detaillierte Bilder von anderen Ländern machen.

Wem gehören Satelliten?

Der Weltraum rund um die Erde ist voll von Rückständen der Raumfahrt: Ausgebrannte Teile von Raketen, nicht mehr steuerbare Satelliten, aber auch von Astronauten verlorenes Werkzeug gehören dazu. Manche dieser Reste sind nur winzig, können aber gewaltige Schäden anrichten, wenn sie die Wand eines Satelliten durchschlagen und ihn so unbrauchbar machen.

Was ist Weltraumschrott?

Bei Funktionsunfähigkeit oder Störungen kann man Satelliten – wenn sich der kostspielige Aufwand lohnt – mit einer Raumfähre einfangen und reparieren. Das Weltraumteleskop Hubble wurde so mehrfach repariert und modernisiert. Man arbeitet aber auch an der Möglichkeit, Robotersonden zur Wartung von Satelliten einzusetzen.

Können Satelliten im Weltraum repariert werden?

Moderne Navigationssysteme, die dem Fahrer den besten Weg zu seinem Ziel vorschlagen, sind darauf angewiesen, die Position des Fahrzeugs zu erkennen. Das tun sie mit Hilfe des „Global Positioning System" kurz GPS. Es handelt sich dabei um 24 Satelliten, mit deren Hilfe man eine Position auf der Erde genauestens bestimmen kann.

Was hat Autofahren mit Satelliten zu tun?

Was ist eine Rakete?

Eine Rakete ist ein länglicher Flugkörper, mit dem Satelliten, Raumsonden oder auch Raumschiffe ins Weltall gebracht werden können. Raketen dienen aber auch militärischen Zwecken und können atomare oder herkömmliche Sprengkörper über große Entfernungen transportieren.

Was ist eine Flüssigkeitsrakete?

Flüssigkeitsraketen funktionieren mit einem Treibstoff, der erst an Bord der Rakete „gemischt" wird: Meist ist dieser in zwei Tanks untergebracht. Beim Zünden der Rakete werden dann beide Flüssigkeiten gemischt. Der Vorteil dieser Methode ist, dass man durch Ventile das Tempo der Rakete genau regulieren kann.

Was ist eine Feststoffrakete?

Eine Feststoffrakete hat nur einen großen Tank für den Treibstoff, der auch gleichzeitig als Brennkammer dient. Diese Raketen haben keinerlei Ventile und sind deswegen einfacher zu bauen und können auch länger gelagert werden, lassen sich aber nach dem Zünden nicht ohne weiteres wieder abschalten.

Was ist eine Mehrstufenrakete?

Die Leistungsfähigkeit einer Rakete hängt auch von ihrem Gewicht ab, sodass man bald auf die Idee kam, mehrere Raketen zu einer großen Rakete zu kombinieren: Die Rakete startet mit der so genannten ersten Stufe. Ist diese ausgebrannt, wird die nächste Stufe gezündet.

Was ist die V2-Rakete?

Die V2-Rakete gilt als Vorläufer aller modernen Raketen und wurde erstmals im Oktober 1942 gestartet. Sie hatte eine Länge von 14,3 Metern, eine Reichweite von rund 320 Kilometern, ihre maximale Flughöhe betrug rund 100 Kilometer. Sie war damit die erste Rakete, die die Grenzbereiche der Atmosphäre erreichen konnte. Sie wurde als Kriegswaffe im Zweiten Weltkrieg entwickelt und ab 1944 gegen England eingesetzt.

Eine Saturn-V-Rakete vor dem Start der Apollo-17-Mondlandemission im Juli 1972.

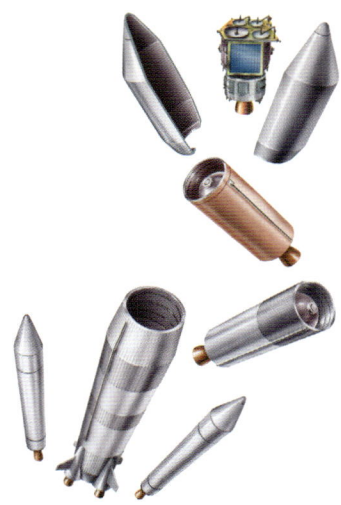

Die verschiedenen Trägerstufen einer Ariane-V-Rakete im schematischen Überblick: Nur die kleine Kapsel an der Spitze bietet Raum für die Nutzlast, der Rest dient dem Antrieb.

Damit eine Rakete den richtigen Orbit erreicht, muss sie zu einer ganz bestimmten Zeit starten. Die Zeitspanne, in der ein Start möglich ist, nennt man Startfenster. Oft ist ein Start nur innerhalb von wenigen Minuten eines Tages möglich. So kommt es vor, dass eine Mission immer wieder um 24 Stunden verschoben werden muss, wenn der Start am jeweiligen Termin wegen schlechten Wetters nicht stattfinden kann – man muss auf das nächste Startfenster warten.

Nach dem Zweiten Weltkrieg kam es zum atomaren Wettrüsten zwischen den beiden Blöcken um die USA und die UdSSR. Um mit Atombomben sicher die gegnerischen Städte treffen zu können, begann man, große „Einwegraketen" zu entwickeln. Diese Technologie kam dann auch der zivilen Raumfahrt zugute.

Was haben Raketen mit dem nuklearen Wettrüsten zu tun?

Die Saturn-Raketen wurden für die bemannte Raumfahrt der Amerikaner entwickelt und spielten beim Apollo-Mond-Programm eine große Rolle. Es handelt sich um dreistufige Raketen. Die Saturn 5-Rakete war 111 Meter hoch, hatte ein Startgewicht von 2850 Tonnen und konnte 150 Tonnen Nutzlast in eine Erdumlaufbahn oder 50 Tonnen zum Mond befördern.

Was ist die Saturn-Rakete?

Ariane-Raketen sind Raketen, die ab den 1970er Jahren von der Europäischen Raumfahrtagentur ESA entwickelt wurden, um sich von den amerikanischen Raketen unabhängig zu machen. Die modernste Ariane, die Ariane 5-Rakete, kann bis zu acht Tonnen Nutzlast in eine Erdumlaufbahn bringen. Sie ist insgesamt 54 Meter hoch.

Was sind die Ariane-Raketen?

Das dürfte die russische R-7-Rakete sein. Ihre Entwicklung begann als militärische Interkontinentalrakete. Bald jedoch wurde sie hauptsächlich als Startrakete für Weltraummissionen genutzt. Die mehrfach weiterentwickelte Rakete absolvierte in fast 50 Jahren über 1600 Starts, von den über 97 Prozent erfolgreich waren. Auch die bekannten russischen Sojus-Raumschiffe werden mit einer R-7-Rakete gestartet.

Welches ist die erfolgreichste Rakete der Welt?

Auf dicken Feuersäulen, die aus zwei gewaltigen Feststoff-Boostern schießen, hebt Ariane 5 vom Boden ab.

Ja. Die VR China verfügt mit den „Langer Marsch"-Raketen über einen eigenen Zugang zum All. Die „Lange Marsch" 1 brachte 1970 den ersten chinesischen Satelliten ins All.

Haben auch die Chinesen eigene Raketen?

Wann begann der Wettlauf zum Mond?

Schon bald nach dem Start der ersten Satelliten fassten die USA und die UdSSR den Mond ins Auge. Dabei hatten die Russen zunächst einen Vorsprung: Es gelang ihnen bereits 1959, die erste Sonde zum Mond zu schicken.

Wie hieß die erste Sonde auf dem Mond?

Die erste Sonde, die weich auf dem Mond aufsetzte und auch Bilder zur Erde übertrug, war die russische Sonde Luna 9. Ihre Landung erfolgte am 3. Februar 1966.

Wozu dienten die Apollo-Missionen vor Apollo 11?

Mit den ersten Apollo-Missionen bereitete man die Mondlandemissionen vor: So umrundete Apollo 8 als erstes bemanntes Raumschiff den Mond, bei Apollo 9 wurde das An- und Abkoppeln der Mondlandefähre getestet, und Apollo 10 war die Generalprobe für die Mondlandung.

Wie lief die Mondlandung ab?

Nach Erreichen der Mondumlaufbahn koppelte die Landefähre mit zwei Astronauten an Bord von der Kommandoeinheit ab. Beim Rückstart in den Orbit diente die Abstiegseinheit als Startrampe für die Wiederaufstiegsstufe der Landefähre, die dann wieder an die Kommandoeinheit andockte.

19. Juli 1969: Eine Saturn V hebt ab zur wohl spektakulärsten NASA-Weltraummission und schickt die drei Astronauten von Apollo 11 auf den Weg zur Mondoberfläche.

Die Landefähre von Apollo 11 landete am 20. Juli 1969 um 16.18 Uhr im Mare Tranquillitatis. Den ersten Fuß auf den Mond setzte Neil Armstrong am 21. Juli 1969 um 3.56 Uhr.

Wann landete der erste Mensch auf dem Mond?

Da auf dem Mond kein Wind weht, hat man sich etwas einfallen lassen, damit die amerikanische Flagge nicht herunterhängt: Sie hat eine Halterung, damit die Flagge entfaltet bleibt. Es gelang jedoch nicht, diese Halterung ganz auszufahren, deswegen entstanden die „Flatter"-Falten.

Warum flattert die US-Flagge auf den Bildern von der ersten Mondlandung?

102 Stunden und 46 Minuten nach dem Start von Apollo 11 setzte die Landefähre auf der Mondoberfläche auf. Der Aufenthalt auf dem Mond dauerte 21 Stunden und 36 Minuten. Nach insgesamt acht Tagen, drei Stunden und 18 Minuten war die Apollo-Mission mit einer Landung im Pazifik beendet.

Wie lange brauchte Apollo 11 für die Reise zum Mond?

Die Landung der Mondlandefähre „Eagle" wurden auf der gesamten Erde mit Spannung verfolgt. Viele blieben über Nacht wach, um die teilweise sehr schlechten Bilder vom Mond zu sehen. Man schätzt, dass weitweit rund 500 Millionen Menschen das Ereignis am Fernseher verfolgten.

Wie viele Menschen verfolgten die erste Mondlandung?

Edwin Aldrin tut es seinem Kollegen Armstrong gleich und macht seine ersten Schritte auf dem Mond. Links neben ihm ein Versuchsaufbau, mit dem die Sonnenwinde gemessen werden sollen.

Das Landemodul von Apollo 9 hatte die Aufgabe, das An- und Abkoppeln von der Kommandoeinheit bei den Mondflügen zu testen. Die Manöver fanden jedoch ausschließlich im Erdorbit statt.

Was ging bei der Apollo 13-Mission schief?

In über 320000 Kilometern Entfernung von der Erde explodierte ein Sauerstofftank des Service-Moduls. Da an eine Landung nicht mehr zu denken war, entschied man, zur Erde zurückzukehren. Allerdings war das Kommandomodul durch die Explosion kaum zu benutzen, sodass sich die Astronauten die meiste Zeit in der Mondlandefähre aufhalten mussten.

Wie schnell fuhr das Mondauto?

Erstmals mit der Apollo 15-Mission hatten die Astronauten ein 40 Millionen Dollar teures Mondauto dabei, um größere Erkundungen vorzunehmen. Die maximale Geschwindigkeit des Fahrzeugs betrug 16 Kilometer pro Stunde.

Die Landefähre von Apollo 14 erreichte am 5. Februar 1971 den Mond; an Bord die Astronauten Alan Shepard und Edgar Mitchell. Ihr Kollege Stuart Roosa wartete in der Kommandoeinheit im Mondorbit. Nach 33,5 Stunden hob die Fähre mit Gesteinsproben wieder ab.

Wie viele erfolgreiche Mondlandungen gab es?

Die Apollo-Missionen 11 bis 17, Apollo 13 ausgenommen, waren erfolgreiche Mondelandemissionen. Mit der Apollo 17-Mission endete vorerst die bemannte Erkundung des Mondes.

Wann war der letzte Mensch auf dem Mond?

Der letzte Mensch war im Dezember 1972 auf dem Mond. Es war der Kommandant der Apollo 17-Mission Eugene Cernan. Die Landefähre verließ den Mond am 14. Dezember 1972.

Im September 2003 schoss die europäische Raumfahrtagentur ESA die Raumsonde SMART 1 in den Erdorbit. Sie hatte die Aufgabe, einen neuartigen Ionenantrieb zu testen und sich immer höher zu schrauben, bis sie in eine Umlaufbahn um den Mond „eingefangen" wird.

Um den Aktionsradius auf dem Mond zu vergrößern, wurde bei Apollo 15 ein Mondauto mitgeschickt. Es wog 35 Kilogramm und wurde vor Ort von der Crew zusammengesetzt.

Haben auch die Russen Gesteinsproben vom Mond?

Ja. Bei den Missionen Luna 16, 20 und 24, die zwischen 1970 und 1976 durchgeführt wurden, setzte ein unbemanntes Landefahrzeug auf dem Mond auf, nahm Proben und brachte diese zur Erde zurück.

Gab es nach Apollo noch weitere Mondmissionen?

Lange Zeit nicht. Erst im Jahr 1990 erreichte die japanische Sonde Hiten den Mond und brachte einen Satelliten in einen Orbit, der den Mond drei Jahre umkreiste. Die Sonde Clementine, die zusammen mit dem US-Militär betrieben wurde, hat den Mond 1994 umrundet, 1998 folgte Lunar Prospector.

Die Sonde Lunar Prospector wurde ganz gezielt in der Nähe des Südpols des Mondes zum Absturz gebracht, weil man hoffte, durch den Aufschlag Wasserspuren und Eis entdecken zu können. Die großen Erwartungen der Forscher wurden aber nicht erfüllt.

SMART-1 wurde am 27. September 2003 als erste europäische Mondmission gestartet. Die Mission dient in erster Linie dem Testen neuer Technologien. So verfügt SMART-1 über ein fortschrittliches Ionentriebwerk und „schraubt" sich damit nur sehr langsam Richtung Mond.

Es ist noch kein weiterer bemannter Flug zum Mond geplant. Es kann aber sein, dass Ende des nächsten Jahrzehnts wieder Menschen zum Mond reisen, um von dort eine bemannte Mission zum Mars vorzubereiten.

Warum ließ man Lunar Prospector auf den Mond stürzen?

Wann startete die erste europäische Mondsonde?

Wann wird wieder ein Mensch zum Mond fliegen?

Was ist ein Space Shuttle?

Die US-amerikanischen Raumfähren heißen Space Shuttle. Sie starten wie eine Rakete und können bei ihrer Rückkehr wie ein Flugzeug auf einer Landebahn landen.

Warum dreht sich ein Space Shuttle nach dem Start auf den Rücken?

Die Startrampen der Space Shuttles wurden ursprünglich für die Mondraketen errichtet. Benötigt die Mission der Raumfähre einen anderen Orbit, muss sie sich nach dem Start in die jeweils gewünschte Richtung drehen.

In welcher Höhe fliegen die Space Shuttles?

Das ist von Mission zu Mission unterschiedlich, da bei verschiedenen Aufgaben im All verschiedene Höhen notwendig sind: Die Space Shuttles wurden aber für Orbits mit einer Höhe zwischen 185 und 643 Kilometern entwickelt.

Wie kann man ein Space Shuttle im All steuern?

Im luftleeren Raum erscheint eine Richtungsänderung zunächst unmöglich, da man ja nichts zum Abstoßen hat. Das braucht ein Space Shuttle aber auch nicht, denn wie alle Raketen fliegt es, indem es Materie (Gase) ins All hinausschleudert. Das bewirkt eine Rückstoßkraft in entgegengesetzter Richtung, mit deren Hilfe man steuern kann.

Der Shuttle ist an einem großen Treibstofftank befestigt, an dem links und rechts zwei Booster sitzen. Auf dem Weg in den Erdorbit neigt sich der ganze Verband so, dass die Raumfähre kopfüber unter dem Tank hängt.

Das erste bemannte Space Shuttle, die Columbia, hob am 12. April 1981 ab. An Bord waren nur zwei Astronauten: der Kommandant John W. Young und der Pilot Robert L. Crippen. Während der Mission STS-001 wurden jedoch nur System-tests durchgeführt.

Wann startete die erste Raumfähre?

Im Orbit erreichen die amerikanischen Raumfäh-ren eine Geschwindigkeit von bis zu 27875 Kilo-metern pro Stunde.

Wie schnell fliegt das Space Shuttle?

Ein Space Shuttle ist 56 Meter lang, der Orbiter (also der wiederverwendbare Teil, der zur Erde zurückkehrt) 37 Meter. Die Spannweite beträgt fast 24 Meter. Es kann über 20 Tonnen Nutzlast ins All befördern.

Wie groß ist ein Space Shuttle?

Ja. Das russische Buran-Projekt wurde Mitte der 1970er Jahre als Antwort auf das Space Shuttle-Programm ins Leben gerufen. 1980 wurde mit dem Bau begonnen, und am 15. November 1988 startete zum ersten Mal eine Buran in einen Orbit. Obwohl das Projekt erfolgreich verlief, musste es danach aus Geldmangel abgebrochen werden.

Planten die Russen auch eine Raumfähre?

Der Shuttle Challenger war die zweite wieder-verwendbare Raumfähre, die bei der NASA in Dienst gestellt wurde. Von Juli 1982 an führte Challenger neun Missionen erfolgreich aus, bis es am 28. Januar 1986 kurz nach dem Start zur Katastrophe kam.

Wiederverwertbare Raumfähren können selbstständig landen.

Was passierte bei Sojus 1?

Am 23. April 1967 startete die Mission Sojus 1 mit Wladimir Komarow. Beim Wiedereintritt in die Erdatmosphäre öffneten sich jedoch die beiden Bremsfallschirme der Raumkapsel nicht, und Sojus 1 zerschellte auf der Erde.

Wie endete die Mission Sojus 11?

Zunächst verlief bei der Mission Sojus 11 alles planmäßig, doch bei der Rückkehr zur Erde schloss beim Abkoppeln der Landeeinheit ein Ventil nicht richtig, sodass die Luft aus der Kapsel entwich und die Kosmonauten erstickten.

Warum explodierte die Challenger?

Das Space Shuttle Challenger explodierte am 28. Januar 1986 73 Sekunden nach dem Start in rund 14 Kilometern Höhe. Ursache war ein defekter Dichtungsring an der rechten Feststoffrakete. Alle sieben Astronauten an Bord starben.

Wie endete die 28. Mission der Columbia?

Die Columbia war die erste Raumfähre überhaupt, die ins All flog. Nach mehreren erfolgreichen Einsätzen zerbrach sie am 1. Februar 2003 16 Minuten vor der Landung beim Wiedereintritt in die Erdatmosphäre. Offenbar war beim Start der Hitzeschild der Raumfähre beschädigt worden.

Apollo 13 sollte die dritte Mondlandemission der NASA werden. Doch als ein Sauerstofftank explodierte, grenzte es fast an ein Wunder, dass die Crew gerettet werden konnte.

Keine Überlebenschance hatten die sieben Insassen von Challenger im Januar 1986.

Anfang 2003: Der Shuttle Columbia wird für den nächsten Einsatz aus dem Hangar am Kennedy-Space-Center gerollt. Es sollte sein letzter werden.

Nach der Challenger-Katastrophe flog zweieinhalb Jahre lang kein Shuttle mehr, da man die Unglücksursache erst einmal gründlich untersuchen wollte. Der Verlust der Columbia führte zu einem Stopp sämtlicher Shuttle-Flüge und damit des Ausbaus der Internationalen Raumstation ISS.

Welche Folgen hatte der Verlust der Raumfähren?

Die NASA will zukünftig nur noch Shuttle-Missionen fliegen, bei denen auch bei defektem Hitzeschild eine sichere Rückkehr garantiert werden kann – etwa, indem die Astronauten notfalls auf die ISS als Landeziel ausweichen.

Welche Beschränkungen gelten für Space Shuttles seit der Columbia-Katastrophe?

Das Apollo-Programm begann mit einer Tragödie: Bei einem Test brach in der Raumkapsel am 27. Januar 1967 ein Feuer aus. Die Astronauten konnten nicht schnell genug befreit werden und erstickten. Der Test bekam nachträglich zu Ehren der Toten die Missionsbezeichnung „Apollo 1".

Was ist Apollo 1?

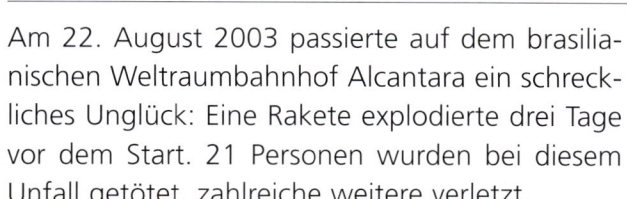

Am 22. August 2003 passierte auf dem brasilianischen Weltraumbahnhof Alcantara ein schreckliches Unglück: Eine Rakete explodierte drei Tage vor dem Start. 21 Personen wurden bei diesem Unfall getötet, zahlreiche weitere verletzt.

Was geschah in Alcantara?

Nein. Das gesamte europäische Raketenprogramm musste immer wieder mit Rückschlägen fertig werden. So endete der Erstflug der Ariane 5 nach mehrjähriger Entwicklung in einem Feuerball. Es stellte sich heraus, dass es an einem kleinen Fehler in der Steuerungssoftware lag.

Funktionierten die europäischen Ariane-Raketen immer?

Die chinesische Rakete „Langer Marsch 3B" explodierte im Februar 1996 kurz nach dem Start vom chinesischen Raketenbahnhof Xichang. Trümmer fielen auf bewohntes Gebiet. Mindestens sechs Menschen kamen ums Leben.

Was passierte beim Start der Rakete „Langer Marsch 3B"?

Was sind Astronauten und Kosmonauten?

Astronaut heißt so viel wie Sternen-Seefahrer. Es ist die in Amerika und Europa übliche Bezeichnung für jemanden, der ins All reist. Im Unterschied dazu nannten die Russen ihre Weltraumpiloten Kosmonauten, was aber fast das gleiche bedeutet, nämlich Weltraum-Seefahrer.

Was ist ein Taikonaut?

Um zu verdeutlichen, dass es nun ebenfalls zu den bedeutenden Raumfahrtnationen gehörte, benutzte China als es im Herbst 2003 seinen ersten Raumfahrer in eine Erdumlaufbahn brachte, eine neue Bezeichnung: Taikonaut – vom chinesischen Wort „Taikong" (Weltraum).

Welche Kriterien muss man als Astronaut erfüllen?

Die europäische Weltraumagentur ESA hat folgende Kriterien: Man muss zwischen 153 und 190 Zentimetern groß und zwischen 27 und 37 Jahren alt sein. Außerdem sollte man gesund sein und unter keinerlei Gewichts- oder psychischen Problemen leiden. Ein naturwissenschaftliches oder medizinisches Studium und anschließende Forschungserfahrung sind Voraussetzung, Flugerfahrung ist erwünscht.

Fachsprachlich heißt der Raumanzug „EMU" (Extravehicular Mobility Unit, also Einheit zum mobilen Einsatz außerhalb eines Raumfahrzeugs).

Wo in Europa gibt es Astronauten?

Die ESA verfügt über ein eigenes, derzeit 15 Mann starkes Astronautenkorps. Es hat sein Hauptquartier im Europäischen Astronautenzentrum in Köln. Hier findet auch ein großer Teil des Astronautentrainings statt. Um sich mit bestimmten Handgriffen vertraut zu machen, trainieren europäische Astronauten aber zusätzlich auch in Russland und Amerika.

Wann wird die ESA wieder Astronauten einstellen?

Das nächste Auswahlverfahren für neue Mitglieder des Europäischen Astronautenkorps wird nicht vor 2005 oder 2006 stattfinden. Als das letzte Mal Stellen ausgeschrieben waren, bewarben sich 22000 Interessenten, von denen 5000 über ausreichende Qualifikationen verfügten.

Als John Glenn mit 77 Jahren erneut ins All flog, bewies er allen Zweiflern, dass Alter in der Raumfahrt kein Hindernis darstellen muss.

Wer davon träumt in der Raumfahrt zu arbeiten, muss nicht unbedingt Astronaut werden. Auch auf der Erde gibt es viele Möglichkeiten, sich beruflich mit Sonden, Raumstationen und bemannten Missionen zum Mars zu beschäftigen. So bieten beispielsweise verschiedene Universitäten ein Studium der Luft- und Raumfahrttechnik an. Ausgehend von einem Maschinenbau-Studium kann man sich später spezialisieren und Raumfahrtingenieur werden.

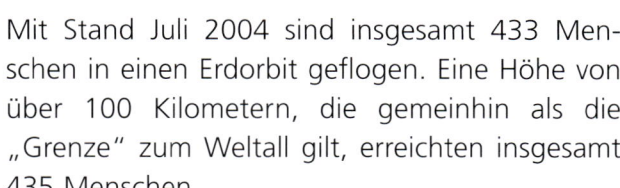

Der Frachtraum des Space Shuttle dient auch als mobile Wartungs- und Montageplattform.

Am 26. August 1978 startete Sigmund Jähn, Offizier der DDR-Luftwaffe, mit einem Sojus-Raumschiff ins All. Der erste Astronaut der Bundesrepublik Deutschland war Ulf Merbold, der im Herbst 1983 an Bord der Raumfähre Columbia ins All flog.

Wer war der erste Deutsche im Weltraum?

Am 16. Juni 1963 startete die Kosmonautin Walentina Tereschkowa an Bord des Raumschiffs Wostok 6 ins All und umrundete in knapp 71 Stunden 48 Mal die Erde. Tereschkowa war die erste Frau im Weltall.

Wer war die erste Frau im Weltall?

Im Oktober 1998 startete der damals 77-jährige Astronaut und US-Senator John Glenn an Bord des Space Shuttle Discovery zu einer neuntägigen Mission ins All. Glenn ist damit ein wirklicher Weltraumveteran: Im Februar 1962 umrundete er als erster Amerikaner bereits in einer Mercury-Kapsel die Erde.

Wer war der bisher älteste Mensch im Weltraum?

Mit Stand Juli 2004 sind insgesamt 433 Menschen in einen Erdorbit geflogen. Eine Höhe von über 100 Kilometern, die gemeinhin als die „Grenze" zum Weltall gilt, erreichten insgesamt 435 Menschen.

Wie viele Menschen sind bislang ins All geflogen?

Der Russe Sergej Avdejev hat während drei Missionen insgesamt 747,6 Tage im All zugebracht. Der längste durchgehende Aufenthalt im All geht auf das Konto von Valeri Poljakov, der sich 437,7 Tage im All aufhielt.

Wer hielt sich bislang am längsten im Weltall auf?

Den längsten Weltraumspaziergang führten die Astronauten Jim Voss und Susan Helms im Jahr 2001 aus, als sie mit Montagearbeiten für die ISS beschäftigt waren. Sie hielten sich insgesamt 8 Stunden und 56 Minuten im All auf.

Wie lange dauerte der längste Weltraumspaziergang?

Welches ist der größte Abstand, den Menschen von der Erde erreichten?

Während der Apollo 13-Mission umflogen die Astronauten den Mond in einem Abstand von 254 Kilometern. Damit war ihre Kapsel am 15. April 1970 über 400000 Kilometer von der Erde entfernt.

Wie lange dauerte die längste Shuttle-Mission?

Die Raumfähre Columbia startete am 19. November 1996 zur Mission „STS-80". Wegen schlechten Wetters verzögerte sich die Landung, sodass die Columbia erst am 7. Dezember zur Erde zurückkehrte und mit über 17 Tagen im All den längsten Shuttleflug absolvierte.

Wie hoch war die höchste Raumsondengeschwindigkeit?

Den Rekord für die höchste Geschwindigkeit halten die beiden deutsch-amerikanischen Sonnensonden Helios 1 und Helios 2, die 1974 und 1976 gestartet wurden. Auf ihrem Orbit um die Sonne erreichen sie Geschwindigkeiten von über 250000 Kilometern pro Stunde.

Welches war die größte Rakete?

Die größten Raketen waren die Saturn 5-Raketen, mit denen die Apollo-Mondmissionen gestartet wurden. Die Raketen hatten eine Höhe von rund 110 Metern. Sie sind allerdings nicht die leistungsfähigsten Raketen gewesen: Diese Ehre gebührt der sowjetischen Energia-Rakete.

Mit 110 Metern Gesamthöhe gehört die Saturn-V-Klasse zu den größten jemals gebauten Raketentypen.

Das erste privat hergestellte Raumschiff der Welt, die SpaceShipOne, wird unter dem Bauch des Trägerschiffs White Knight auf Abflughöhe transportiert.

Aus Kostengründen entschied die NASA sich dafür, beim Start des Space Shuttle zwei riesige Feststoffraketen, die so genannten Booster, einzusetzen.

Im Rahmen der Apollo 10-Mission führten die Astronauten Thomas P. Stafford, Eugene A. Cernan und John W. Young 1969 eine Art Generalprobe für die Mondlandung durch. Bei der Rückkehr zur Erde erreichte ihre Raumkapsel eine Geschwindigkeit von 40000 Stundenkilometern.

Welches ist die größte Geschwindigkeit, die je ein Mensch erreicht hat?

2004 startete das SpaceShipOne zu einem historischen Flug: Der Testpilot Mike Melvill steuerte das kleine raketenähnliche Flugzeug in eine Höhe von 100 Kilometern und erreichte damit die offizielle Grenze zum Weltraum.

Welches ist das erste private Raumschiff?

Die Saturnsonde Cassini: Sie ist 6,8 Meter lang und hat eine vier Meter hohe Antenne. Beim Start wog sie über 5,6 Tonnen, davon waren rund 3 Tonnen Treibstoff.

Welches ist die größte Raumsonde der NASA?

Sehr langsam: Die beiden Mars-Rover Spirit und Opportunity können eine Geschwindigkeit von rund fünf Zentimetern pro Sekunde erreichen.

Wie schnell fahren die beiden Mars-Rover?

Die beiden Feststoffraketen auf den Seiten des großen Treibstofftanks eines Space Shuttles sind die größten Feststoffraketen überhaupt.

Welches sind die größten Feststoffraketen?

Was kommt nach dem Space Shuttle?

Die NASA überlegt, bis 2010 das Orbital Space Plane als Nachfolger der Space Shuttles einzuführen. Es soll außer Steuerdüsen keinen eigenen Antrieb besitzen und mit Hilfe einer Rakete in einen Orbit gebracht werden, um dann im Gleitflug zur Erde zurückkehren.

Wäre das Orbital Space Plane ein vollwertiger Ersatz für das Space Shuttle?

Nein. Es kann weniger Astronauten transportieren und hat auch nicht die Kapazität, um größere Nutzlasten ins All zu befördern. So hätte das Hubble-Teleskop nicht mit dem Space Plane in einen Orbit gebracht werden können.

Kann man im Weltall auch segeln?

Theoretisch ja, und wenn alles nach Plan verläuft, soll bald das erste Test-Raumschiff starten, das mit solaren Segeln ausgestattet ist: Dabei werden riesige Segel aufgespannt, und der Druck der Photonen der Sonnenstrahlung auf diese Segel wird zur Fortbewegung genutzt.

Wie schnell ist ein Raumschiff mit Solarsegel?

Raumschiffe mit solaren Segeln könnten, wenn alles funktioniert, erhebliche Geschwindigkeiten erreichen, benötigen dafür jedoch sehr lange. Nach einem Jahr könnte ein solches Raumschiff aber schon mit über 50000 Kilometern pro Stunde durch das All segeln.

Vor ihrem ersten Einsatz werden Raketentriebwerke auf den NASA-Prüfständen zahlreichen Tests unterzogen. Erst wenn diese erfolgreich verlaufen sind, kann der Einbau in ein Raumfahrzeug in Erwägung gezogen werden.

Der Delta Clipper zeigt, welchen Weg die Raumfahrt in Zukunft gehen könnte. Als Nachfolger des Space Shuttle soll diese Raumfähre für den Erdorbit sowohl senkrecht starten als auch senkrecht landen können.

Mit modernen wiederverwendbaren Raumfähren wie dem geplanten Lockheed-Martin-SSTO werden die Kosten für die Eroberung des Weltraums beträchtlich sinken.

Bei welchen Missionen könnten solare Segel eingesetzt werden?

Raumschiffe mit solaren Segeln könnten eingesetzt werden, um zwischen den Planeten zu reisen. Ein Problem ist aber noch, dass die nutzbare Sonnenstrahlung hinter der Bahn des Jupiter rapide abnimmt.

Auf welche Technik setzt die NASA?

Für die weitere Erkundung des äußeren Sonnensystems scheint die NASA zurzeit auf Nuklearenergie zu setzten. So wird beispielsweise eine Mission zu den Monden des Jupiters diskutiert, die ihre Energie von einem kleinen Kernreaktor bezieht und durch einen Ionenantrieb angetrieben wird.

Die Höchstgeschwindigkeit eines Ionentriebwerks hängt vom Gasvorrat ab. Mit ihren 81,5 Kilogramm Treibstoff kann die Testsonde „Deep Space 1" auf rund 16000 Kilometer pro Stunde beschleunigen.

Eine nukleare Brennstoffzelle kann im Vergleich zu Solarzellen erheblich mehr Energie zur Verfügung stellen. Diese kann dann für Experimente verwendet werden, die einen hohen Energiebedarf haben, etwa um Objekte mit einem leistungsstarken Radarsystem abzutasten.

Nukleare Energie wird schon seit vielen Jahren zin der Raumfahrt verwendet. Aber sie hat natürlich Risiken: So befürchten Kritiker eine radioaktive Verseuchung, wenn beispielsweise der Start einer Sonde mit Nuklearantrieb misslingt und sie auf die Erde stürzt.

Wie schnell ist ein Ionenantrieb?

Was ist der Vorteil von Kernenergie als Energiequelle?

Was sind die Risiken von nuklearen Brennstoffzellen?

RAUMSTATION

Mit der Internationalen Raumstation entsteht im Erdorbit gerade ein bislang einmaliges technisches Bauwerk: Zahlreiche Länder der Erde arbeiten gemeinsam an diesem ständig besetzten Außenposten im All. Ehemalige Rivalitäten scheinen vergessen. Für Forscher eröffnet die Raumstation mit ihren Laboratorien ganz neue Möglichkeiten. Und auch andere Bereiche der Raumfahrt profitieren von der Entwicklung neuer Technologien. Ohne Menschen aber, die ständig auf der Station leben, geht es nicht: Montagearbeiten werden oft von Astronauten durchgeführt, die dafür viele Stunden bei Weltraumspaziergängen im All verbringen.

Wie schläft man im Weltraum?

Schlafen in der Schwerelosigkeit ist ein wenig anders als auf der Erde. Um im Schlaf nicht umherzuschweben, schläft man meist in Schlafsäcken oder kleinen Kojen.

Kann man auf der Internationalen Raumstation normal atmen?

Ja, die Lebenserhaltungssysteme an Bord der Raumstation sorgen für einen ausreichenden Sauerstoffgehalt in der Luft und filtern Kohlendioxid heraus. Die Systeme müssen zusätzlich auch alle Ausdünstungen aus der Luft filtern, denn im Weltraum kann man ja nicht einfach lüften.

Wie wäscht man sich im All die Haare?

Die NASA stattet ihre Astronauten mit Haarwaschmittel aus, das man ohne Wasser benutzen kann. Es wurde ursprünglich für Kranke entwickelt, die nicht duschen können.

Wie geht man auf die Toilette?

Die Toiletten an Bord der amerikanischen Raumfähren sind recht ungewöhnlich. Man muss sich fest auf einen Toilettensitz schnallen. Das „Geschäft" wird dann aufgesaugt.

Woher kommt das Wasser in einer Raumstation?

Eine Grundversorgung an Wasser muss man von der Erde mitbringen, aber danach ist alles eine Frage von Wiederverwendung – jeder Tropfen Flüssigkeit wird daher gewissenhaft recycelt.

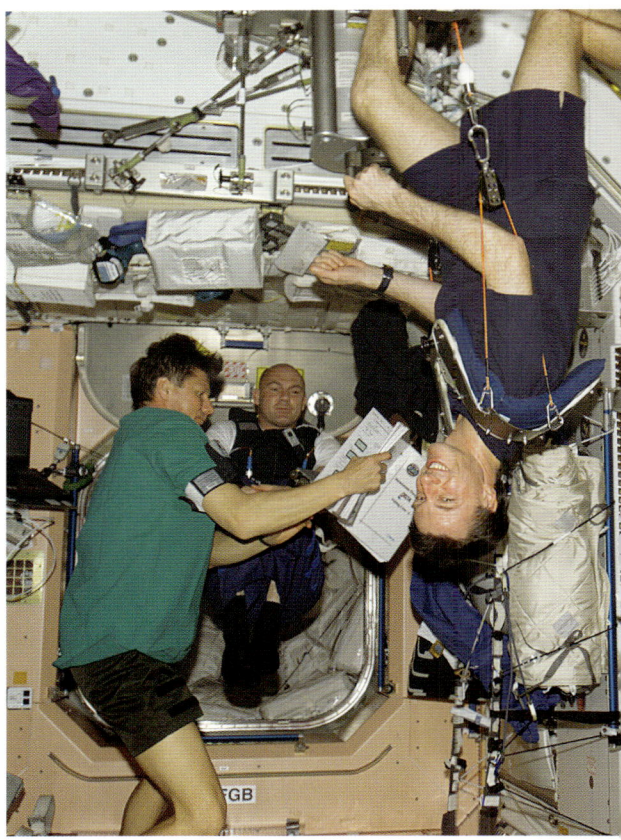

Fitnesstraining ist für Astronauten überlebenswichtig, denn in der Schwerelosigkeit würden sich ansonsten ihre Muskeln zurückbilden.

Während seiner freien Schicht versucht sich ein Astronaut an Bord der ISS an der nicht gerade einfachen Aufgabe, schwerelos Keyboard zu spielen.

Von der Erde. Die Internationale Raumstation verfügt über keine Waschmaschine, da diese zu schwer wäre und zu viel Wasser verbrauchen würde. Astronauten bekommen mit den Versorgungsflügen regelmäßig frische Wäsche, wechseln ihre Kleidung aber nicht so oft, wie sie es auf der Erde tun würden. Ihre Arbeitskleidung wechseln sie beispielsweise etwa alle 10 Tage.

Woher bekommt man frische Wäsche?

Ja, die Astronauten müssen sogar jeden Tag mindestens einmal Sport treiben, um ihre Muskeln zu trainieren. Durch die Schwerelosigkeit werden die Muskeln nämlich überhaupt nicht beansprucht und verkümmern dadurch recht schnell. Deswegen gibt es verschiedene Geräte an Bord, mit denen Muskeln gezielt trainiert werden können.

Treibt man im All auch Sport?

An Bord der Raumstation gibt es Frühstück, Mittagessen und Abendbrot genau wie auch auf der Erde. Es gibt einen Ofen, mit dem man Gerichte erhitzen kann. Der Speiseplan hat durchaus Ähnlichkeit mit dem auf der Erde, nur sieht das Essen manchmal etwas anders aus: So gibt es Pfeffer und Salz nur flüssig, weil die Körner sonst in der Station herumfliegen könnten. Auch Brot ist gefährlich wegen der Brotkrümel.

Was gibt es im Weltraum zu essen?

Auch Zeit zum Entspannen ist bei einem längeren Aufenthalt im All wichtig. Oft schauen die Astronauten in dieser Zeit aus dem Fenster auf die Erde und genießen die Aussicht. Darüber hinaus haben sie Bücher an Bord, können Filme schauen oder Spiele spielen.

Was machen Astronauten in ihrer Freizeit?

Müll, den man nicht wieder verwenden kann, wird entweder mit einer Raumfähre zur Erde zurückgebracht oder aber in einen russischen Progress-Raumfrachter geladen. Dieser tritt dann in die Erdatmosphäre ein und verglüht vollständig.

Wo bleibt der Müll?

Was ist die Mir?

Die Mir ist die letzte russische Raumstation. „Mir" bedeutet Friede. Das Kernstück der Mir wurde am 20. Februar 1986 gestartet. Es wog rund 20 Tonnen, hatte eine Länge von 13,5 Metern und einen Durchmesser von rund 4 Metern.

Wie groß war die Mir am Ende?

Das Kernstück der Mir wurde im Laufe der Jahre um weitere Module erweitert. So folgten schon 1987 und 1989 die Module „Quant I" und „Quant II", in denen Experimentiereinrichtungen und Duschen untergebracht waren. Am Ende hatte die Raumstation eine Länge und eine Breite von über 30 Metern und wog fast 140 Tonnen.

Wie wurde die Mir versorgt?

Die Mir wurde – genau wie die Internationale Raumstation heute – durch bemannte und unbemannte Raumschiffe versorgt. Für diese Missionen wurden die Sojus-Kapseln extra modernisiert.

Besuchte auch das Space Shuttle die Mir?

Ja. Die NASA hatte mit den Russen ein Abkommen über die gemeinsame Nutzung der Mir geschlossen. Im Februar 1995 umflog erstmals ein Shuttle die Raumstation, im Juni 1995 dockte die Raumfähre Atlantis erstmals an der Mir an.

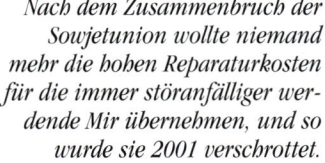

Nach dem Zusammenbruch der Sowjetunion wollte niemand mehr die hohen Reparaturkosten für die immer störanfälliger werdende Mir übernehmen, und so wurde sie 2001 verschrottet.

Der Astronaut Shannon Lucid zog am 22. März 1996 auf der Mir ein und blieb 188 Tage. Ihm folgten weitere amerikanische Astronauten, bis im Juni 1998 die so genannten Shuttle-Mir-Missionen endeten.

Waren amerikanische Astronauten längere Zeit an Bord der Mir?

Ja. Auch die ESA und die deutsche Weltraumagentur haben Missionen zur Mir durchgeführt: Klaus-Dietrich Flade war im Rahmen der deutschen „Mir '92"-Mission der erste Deutsche auf der Mir. Später folgten Ulf Merbold (1994), Thomas Reiter (1995) und Reinhold Ewald (1997).

Waren auch Deutsche an Bord der Mir?

Der russischen Regierung wurde die Unterhaltung der Mir im Lauf der Zeit zu teuer. Eine private Firma finanzierte deshalb im Jahr 2000 den Aufenthalt von zwei Kosmonauten auf der Mir und auch einen Weltraumspaziergang.

Was hat es mit dem ersten kommerziellen Weltraumspaziergang auf sich?

Alle Versuche, die Mir durch private Geldgeber zu retten, scheiterten. Am 23. März 2001 wurde der Orbit der Station daher nach und nach verringert. Unterhalb von 100 Kilometern Höhe erhitzte sich die Außenhülle der Mir, bis sie schließlich in etwa 90 Kilometern Höhe zerbrach und verglühte.

Wie endete die Mir?

Über zehn Jahre hinweg ausgebaut, hat die russische Raumstation Mir eine Vielzahl von Technologieerprobungen, Experimenten und Erdbeobachtung unterstützt. Ihr Nachfolger ist die Internationale Raumstation ISS.

Auch amerikanische Astronauten statteten der Mir mehrmals Besuch ab.

Wann begann der Bau der Internationalen Raumstation ISS?

Der Bau begann im November 1998 mit dem Start des russischen Moduls „Zarya". Kurz danach folgte das US-Modul „Unity". In den folgenden Jahren wuchs die ISS ständig weiter und wurde bei fast jedem Besuch einer US-Raumfähre ein Stückchen größer.

Wie lange braucht die ISS, um die Erde zu umrunden?

Die ISS umfliegt die Erde mit einer Geschwindigkeit von etwa 28000 Kilometern pro Stunde in einer durchschnittlichen Höhe von rund 400 Kilometern. Damit benötigt sie rund eineinhalb Stunden, um unseren Planeten einmal zu umkreisen.

Wann bezogen die ersten Astronauten die ISS?

Die erste, „Expedition Crew 1" genannte Besatzung, die aus dem Kommandanten Bill Shepherd sowie Yuri Gidzenko und Sergei Krikalev bestand, zog am 2. November 2000 auf der ISS ein.

Wie groß wird die Internationale Raumstation sein, wenn sie fertig ist?

Wenn die ISS tatsächlich so gebaut wird, wie sie bislang geplant ist, wird sie rund 450 Tonnen wiegen und größer sein als ein Einfamilienhaus: Die Länge der ISS soll nach der Fertigstellung 110 Meter von einem Ende zum anderen betragen.

Auf den Raumstationen wird jeder verfügbare Zentimeter Platz genutzt. Die Wände sind mit Bildschirmen, Kontrollanzeigen und Messinstrumenten förmlich übersät.

Die Raumfähre Atlantis nach ihrem gelungenen Andockmanöver an die Internationale Raumstation ISS.

Nach ihrer Fertigstellung soll die Internationale Raumstation ISS über riesige Solarflügel mit Energie versorgt werden.

Die Raumstation wird durch bemannte russische Sojus-Raumschiffe, durch unbemannte Fracht-raumschiffe vom Typ Progress und von den amerikanischen Raumfähren versorgt. In der Zeit, in der die Space-Shuttle-Flotte nach der Columbia-Katastrophe am Boden blieb, war die ISS ganz auf die russischen Raumschiffe angewiesen.

Wie wird die ISS versorgt?

Am Bau der ISS sind die USA, Kanada, Japan, Russland sowie die Mitglieder der Europäischen Weltraumagentur ESA beteiligt. Zur ESA gehören Belgien, Dänemark, Deutschland, Finnland, Frankreich, Großbritannien, Irland, Italien, die Niederlande, Norwegen, Österreich, Portugal, Spanien, Schweden und die Schweiz.

Welche Länder sind an der ISS beteiligt?

Die Umlaufbahn der ISS muss regelmäßig ange-hoben werden, damit die Station nicht in die dichtere Erdatmosphäre gerät. Dies geschieht durch Zündung der Triebwerke angekoppelter Raumschiffe.

Warum stürzt die Raumstation nicht auf die Erde?

Ja, das hat sie: Jeweils ein Sojus-Raumschiff bleibt an die ISS angekoppelt. In ihm können drei Per-sonen zur Erde zurückkehren. Etwa jedes halbe Jahr wird das angekoppelte Raumschiff durch ein neues ausgetauscht: Bei diesen „Taxi-Missionen" statten drei Astronauten der ISS einen Besuch ab, lassen das neue Sojus-Raumschiff angekoppelt und kehren mit dem alten zur Erde zurück.

Hat die ISS auch ein Rettungsboot?

Die ISS ist ein Laboratorium im Weltraum, in dem in Schwerelosigkeit geforscht werden kann. Die beteiligten Nationen erhoffen sich wichtige Erkenntnisse auf den Gebieten der Materialfor-schung, der Biotechnologie und der Medizin. Zudem ist die Möglichkeit zu längeren Aufenthal-ten im All wichtig, um länger dauernde Raum-fahrtmissionen, etwa zum Mars, vorzubereiten.

Wozu braucht man eine Raumstation?

Wieso tragen Astronauten einen Raumanzug?

Wenn Astronauten im All arbeiten, müssen sie praktisch ihre gesamte Umwelt mitnehmen: Ihre Anzüge versorgen sie mit Luft und stehen unter Druck, um sie vor dem tödliche Vakuum des Weltalls zu bewahren. Darüber hinaus kann der Anzug beheizt werden und schützt vor radioaktiver Strahlung und Kleinstmeteoriten.

Warum sind Raumanzüge weiß?

Das hat mehrere Gründe: Zum einen erhitzen sie sich nicht so schnell wie dunklere Anzüge, und außerdem kann man die Astronauten so gegen die Dunkelheit des Weltraums besser sehen. Einer der beiden Astronauten hat immer rote Streifen an seinem Anzug, sodass man die Weltraumspaziergänger unterscheiden kann.

Warum werden Weltraumspaziergänge EVA genannt?

EVA ist eine Abkürzung für den englischen Begriff „extravehicular activity", was sich am ehesten mit „Aktivitäten außerhalb des (Raum-)fahrzeuges" übersetzen lässt.

Was passiert, wenn ein Astronaut beim Bau der ISS wegschwebt?

Der Weltraumanzug, den die Astronauten bei den Arbeiten zum Bau der Internationalen Raumstation tragen, enthält unter anderem eine „SAFER" genannte Rettungsweste, zu der auch ein kleiner Raumantrieb gehört. So können die Astronauten notfalls selbstständig zur Raumstation zurückfliegen.

Wann fand der erste Weltraumspaziergang statt?

Der erste Weltraumspaziergang fand im Rahmen der Mission „Voschod 2" am 18. März 1965 statt. Der Kosmonaut Alexey Leonov hielt sich dabei rund 20 Minuten im All auf. Fast hätte der erste Ausflug ins All tragisch geendet, da sich der Raumanzug etwas ausgedehnt hatte und Leonov nicht mehr durch die Luke passte. Er musste Luft ablassen, um wieder ins Raumschiff zu kommen. Mit Edward White betrat etwa zweieinhalb Monate später der erste Amerikaner das All.

Rote Streifen auf Tornister und Oberschenkel helfen, einen Astronauten zu identifizieren.

Knapp 235 Kilometer von der Oberfläche der Erde entfernt, testete der Astronaut Mark C. Lee erfolgreich das neu entwickelte SAFER-Rettungssystem.

Weltraumspaziergänge sind alles andere als Erholung: Für Astronauten sind sie harte Arbeit, für die sie viele Monate lang auf der Erde trainieren müssen. Nachdem sie sich eingehend mit den Geräten vertraut gemacht haben, üben sie die entsprechenden Handgriffe oft in großen Wasserbecken an naturgetreuen Modellen. So können sich die Astronauten schon auf der Erde daran gewöhnen, in ihren klobigen Anzügen komplizierte Arbeiten durchzuführen.

In der Schwerelosigkeit lassen sich auch unhandliche und schwere Teile von einer einzelnen Person bewegen.

Ja. Die erste Frau, die einen Weltraumspaziergang unternommen hat, war Swetlana Sawizkaja. Sie war im Rahmen der Mission „Sojus T12" im Juli 1984 an Bord der russischen Raumstation Saljut 7. Mit Kathryn Sullivan folgte die erste Amerikanerin im Oktober des gleichen Jahres.

Haben auch Frauen Weltraumspaziergänge durchgeführt?

Bei vielen Aktivitäten sind die Weltraumspaziergänger auf sich selbst angewiesen. Beim Bau der Internationalen Raumstation ISS werden die Astronauten allerdings von Roboterarmen unterstützt, die wie Kräne funktionieren und große Bauteile bewegen können. Auch das Space Shuttle verfügt über einen solchen Roboterarm.

Welche Hilfe haben die Astronauten bei ihrer Arbeit im All?

Wenn die Astronauten die Internationale Raumstation verlassen wollen, können sie keineswegs einfach eine Luke öffnen und hinausschweben: Sie müssen sich über zwei Stunden an die neuen Umweltbedingungen im Raumanzug gewöhnen und vorher sogar zehn Minuten intensiv auf einem Fahrrad trainieren. Zudem atmen sie zur Vorbereitung reinen Sauerstoff.

Wie bereiten sich Astronauten auf einen Weltraumspaziergang vor?

Die NASA schätzt, dass zur Fertigstellung und Wartung der Internationalen Raumstation rund 160 Weltraumspaziergänge von den Astronauten durchgeführt werden müssen. Insgesamt werden Astronauten sich dabei fast 960 Stunden im All aufhalten.

Wie viele Weltraumspaziergänge sind zum Bau der ISS nötig?

Verlassen Astronauten ein Space Shuttle, beispielsweise um im All zu arbeiten, kann die Raumfähre zuvor so gedreht werden, dass die Astronauten vorwiegend in der Sonne arbeiten und es ihnen dadurch nicht zu kalt wird. Bei der Raumstation ist dies nicht möglich, und so müssen manchen Arbeiten im Schatten ausgeführt werden, wo es extrem kalt sein kann.

Unterscheiden sich Weltraumspaziergänge von der ISS aus von anderen?

Was ist Mikrogravitation?

Das griechische Wort „mikro" bedeutet klein. Mikrogravitation nennt man den Zustand, der auf der Internationalen Raumstation oder auf anderen Raumschiffen im Erdorbit herrscht. Im All ist nämlich die Anziehungskraft der Erde kaum noch zu spüren, und deswegen schwebt alles schwerelos im Raum umher.

Warum ist Mikrogravitation wichtig?

Mikrogravitation eröffnet den Forschern ein ganz neues Forschungsfeld: Sie können all die Phänomene studieren, die auf der Erde durch die Erdanziehungskraft überdeckt oder verändert werden.

Wie brennt eine Kerze im All?

Schon an so simplen Dingen wie einer brennenden Kerze kann man die Effekte der Schwerkraft illustrieren: Da es im All kein „oben" und „unten" gibt, ist die Flamme eine Kerze hier kugelförmig und zudem eher bläulich.

Warum werden die Muskeln im All schwächer?

Unsere Muskeln leisten auf der Erde jede Menge Arbeit, ohne dass wir es merken: Zum Gehen, Stehen oder Sitzen müssen die Muskeln stets gegen die Erdanziehungskraft wirken. Im All fehlt diese Herausforderung: Alles ist viel leichter, und die Muskeln werden nicht mehr trainiert.

Die Größe einzelner Laborgeräte an Bord der ISS ist genormt. So können sie jederzeit durch modernere ersetzt werden.

In der ISS ist der Platz für Experimente standardisiert: Die Wissenschaftler auf der Erde bauen ihre Experimente in einen speziellen Schrank mit einer festgelegten Größe ein, der komplett zur Raumstation geschickt und direkt an die Bordsysteme angeschlossen werden kann.

Wie werden Experimente auf die ISS gebracht?

Im All wird vorwiegend Grundlagenforschung betrieben, auch auf medizinischem Gebiet: Man studiert unter anderem das Wachstum von Zellen in der Schwerelosigkeit. Daraus erhofft man sich ein besseres Verständnis der Vorgänge in unserem Körper, was auch bei der Bekämpfung von Krebszellen helfen kann.

Dient die Forschung im All auch der Gesundheit?

Dass die antihaftbeschichtete Teflon-Pfanne ein Ergebnis der Raumfahrtentwicklung sei, ist ein weitverbreiteter Irrtum. Teflon wurde zwar bei den Apollo-Missionen eingesetzt, die mit Teflon beschichtete Pfanne jedoch schon 1954 von einem Franzosen zum Patent angemeldet.

Hat die Teflon-Pfanne etwas mit der Raumfahrt zu tun?

Columbus ist ein Weltraumlabor der ESA, das gerade gebaut und getestet wird und bald an die Internationale Raumstation ISS andocken soll.

Was ist Columbus?

Das von der ESA entwickelte Columbus-Weltraumlabor soll es Forschern möglich machen, über zehn Jahre lang Experimente im All durchzuführen, obwohl sie selbst sich noch immer auf der Erde befinden.

Wassertropfen auf den Blättern einer Pflanze, anhand deren die Auswirkungen von Schwerelosigkeit auf das Wachstum untersucht werden sollen.

ERKUNDUNG

Die ersten Sonden, die von der Erde zu Venus und Mars geschickt wurden, sandten Bilder von lebensfeindlichen Planeten zurück und machten alle Hoffnungen zunichte, auf unseren Nachbarplaneten intelligentes Leben anzutreffen. Raumsonden wie Voyager oder Pioneer waren entscheidend für unser Wissen über die äußeren Planeten. Sie haben aber auch neue Fragen aufgeworfen, die mit kleineren Spezialmissionen beantwortet werden sollen. Die ersten Sonden verlassen zurzeit unser Sonnensystem und stoßen in gänzlich unerforschte Regionen vor. Für alle Fälle haben sie eine Grußbotschaft von der Erde an Bord.

Was ist eine Raumsonde?

Eine Raumsonde ist ein unbemannter Flugkörper, den man einsetzt, um die Sonne und andere Monde oder Planeten zu erforschen. Raumsonden wurden schon in die äußersten Regionen unseres Sonnensystems geschickt.

Welches ist die älteste noch aktive Raumsonde?

Vermutlich Pioneer 6. Die Sonde wurde am 16. Dezember 1965 in eine Umlaufbahn um die Sonne gebracht, um Daten über den Sonnenwind und die kosmische Strahlung zu liefern. Zu ihrem 35-jährigen Jubiläum nahm man noch einmal erfolgreich Kontakt mit ihr auf.

Welches ist die am weitesten von der Erde entfernte Raumsonde?

Voyager 1 ist das am weitesten von der Erde entfernte von Menschen gebaute Objekt. Die Sonde bewegt sich in der Randzone unseres Sonnensystems in einer Entfernung von etwas mehr als 90 Astronomischen Einheiten (rund 13,5 Milliarden Kilometern).

Wie funktioniert ein Ionenantrieb?

Der Ionenantrieb moderner Raumsonden arbeitet mit Xenongas. Mit Hilfe von Strom, den die Sonde durch Solarzellen gewinnt, wird das Gas beschleunigt und ausgestoßen. Dadurch bekommt die Sonde einen leichten Schub. Der Antrieb ist äußerst effektiv, die Beschleunigungswirkung allerdings vergleichsweise gering.

In der Raumsonde Deep Space 1 kommen viele Neuentwicklungen zum Einsatz. Das Interesse der Forscher gilt vor allem dem Ionenantrieb – bewährt er sich, so dürfte er bald in allen Sonden Verwendung finden.

Um hohe Geschwindigkeiten zu erreichen, die eine Reise in die äußeren Regionen unseres Sonnensystems ermöglichen, holen Raumsonden gerne an anderen Planeten „Schwung". Dabei macht man sich die Anziehungskraft eines Planeten zunutze, der die Sonde anzieht und beschleunigt. Die Bahn ist dann aber so berechnet, dass die Sonde den Planeten knapp verfehlt und weiter ins All katapultiert wird.

Was ist ein Swing-by-Manöver?

Unter solchen Missionen versteht man Missionen zu den äußeren Planeten oder jenseits des Orbits des Mars. Dort ist es, durch die große Entfernung von der Sonne, sehr kalt, und es müssen spezielle Vorkehrungen zur Heizung der Elektronik und zur Energiegewinnung getroffen werden, da dies nicht mehr allein durch Solarenergie möglich ist.

Was sind Deep-Space-Missionen?

Ja, wenn alles klappt, soll eine Pluto-Mission im Jahr 2006 starten. Erste Pläne für eine Mission zum äußersten Planeten waren zu teuer und wurden verworfen. Man will den Pluto aber so schnell wie möglich erreichen, da sich der Planet zurzeit immer weiter von der Sonne entfernt und es daher immer kälter auf ihm wird. Eine eventuell vorhandene dünne Atmosphäre könnte so bald gefrieren.

Soll es eine Mission zum Pluto geben?

Wenn die Pluto-Mission tatsächlich im Januar 2006 beginnt, könnte sie – mithilfe eines Swing-by-Manövers an Jupiter im Februar 2007 – den äußersten Planeten im Juli 2015 erreichen. Das macht eine Reisedauer von rund 9,5 Jahren.

Wie lange dauert eine Reise zum Pluto?

Per Funk. Die NASA betreibt ein Netzwerk aus großen Antennen, das so genannte „Deep Space Network". Es besteht aus drei auf der Erde verteilten Antennenkomplexen, sodass Sonden 24 Stunden am Tag überwacht werden können.

Wie werden Sonden von der Erde gesteuert?

Der Canberra Deep Space Communications Complex in Australien ist einer der drei Gebäudekomplexe, die das Deep Space Network der NASA bilden.

Was sind die Pioneer-Sonden?

Es gab insgesamt 13 amerikanische Raumsonden mit dem Namen „Pioneer", die den interstellaren Raum oder andere Planeten unseres Sonnensystems untersucht haben. Die erste Pioneer-Sonde wurde im Oktober 1958 gestartet.

Was war die Aufgabe von Pioneer 10?

Pioneer 10 wurde am 2. März 1972 auf die Reise ins äußere Sonnensystem geschickt. Es war die erste Sonde, die versuchen sollte, den Asteroidengürtel zu durchdringen, und niemand wusste, ob sie das auch schaffen würde. Deswegen hatte man mit Pioneer 11 eine Reservesonde gebaut. Pioneer 10 durchflog den Asteroidengürtel aber ohne Probleme.

Welche Planeten besuchte Pioneer 10?

Pioneer 10 war die erste Raumsonde, die den Jupiter besuchte: Sie flog am 3. Dezember 1973 in einem Abstand von 130000 Kilometern an dem Gasriesen vorbei und machte die ersten Nahaufnahmen des Planeten.

Wie groß ist Pioneer 10?

Pioneer 10 hat eine Länge von 2,9 Metern und eine maximale Breite von 2,7 Metern. Die Sonde wiegt 270 Kilogramm. Ihre Energie erhält die Sonde durch kleine radioaktive Brennstoffzellen.

Im September 1979 passierte Pioneer 11 den Saturn und durchstieß dabei dessen Ringsystem. Der Kontakt zu der Sonde ging 1995 endgültig verloren.

Am 5. April 1973 startete Pioneer 11 ins All, um als erster Botschafter der Erde den Saturn zu besuchen.

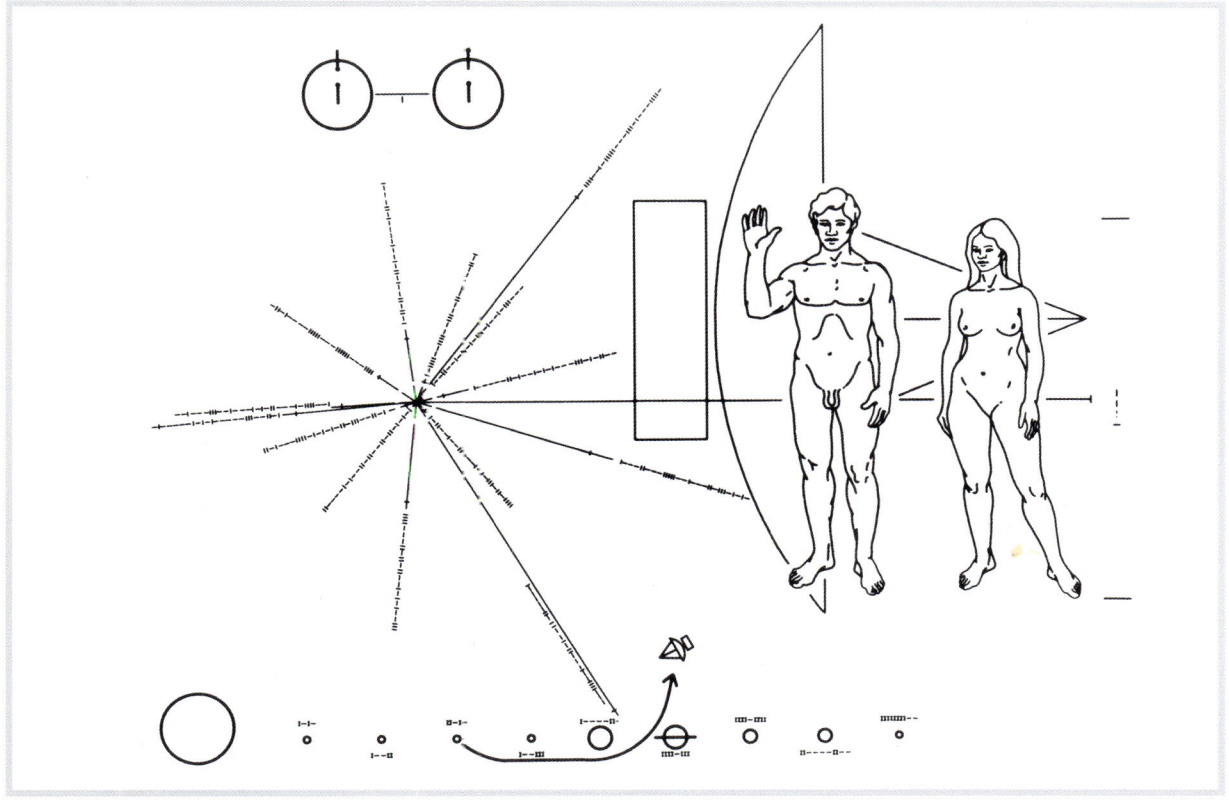

Anhand der Informationen, die die Pioneer-Sonden in ihrem Inneren tragen, könnten Außerirdische die Position der Erde ermitteln.

Gibt es noch Kontakt zu Pioneer 10?

Nicht mehr: Ein letztes, sehr schwaches Signal empfing die NASA am 23. Januar 2003. Vermutlich reicht die Energie der Brennstoffzellen an Bord von Pioneer 10 nicht mehr aus, um Daten zur Erde zu senden.

Wohin fliegt Pioneer 10?

Pioneer 10 steuert auf den Stern Aldebaran zu, das Auge des Sternbilds Stier. Aldebaran ist rund 68 Lichtjahre von der Erde entfernt und Pioneer 10 wird über zwei Millionen Jahre brauchen, um den roten Stern zu erreichen. Pioneer 10 ist zurzeit etwa 85-mal weiter von der Sonne entfernt als die Erde.

Auch Pioneer 11 besuchte den Jupiter und war die erste Sonde, die Nahaufnahmen des Saturn mit seinem Ringsystem machte. Auch Pioneer 11 hat anschließend das äußere Sonnensystem erforscht.

Nein. Zum letzten Mal hat man am 30. September 1995 von Pioneer 11 gehört. Die Erde ist aus dem „Blickfeld" der Antenne der Raumsonde gewandert, und die Sonde kann so keine Kommandos empfangen, die sie wieder auf die Erde ausrichten würden.

Pioneer 10 und 11 führen eine goldene Tafel mit sich, auf denen ein grüßendes Menschenpaar und die Position der Erde und des Sonnensystems zu sehen sind. Um die Botschaft zu verstehen, muss man den Aufbau von Wasserstoff kennen – dem häufigsten Element im Universum.

Welche Planeten besuchte Pioneer 11?

Gibt es noch Kontakt zu Pioneer 11?

Welche Botschaft für Außerirdische haben Pioneer 10 und 11 an Bord?

Was sind die Voyager-Sonden?

Bei den beiden Voyager-Sonden handelt es sich um zwei nahezu identische Raumsonden, die 1977 gestartet wurden: Voyager 2 am 20. August 1977 und Voyager 1 am 5. September 1977. Wegen einer etwas günstigeren Bahn überholte Voyager 1 allerdings bald ihre Vorgängerin.

Warum startete man die Voyager-Sonden damals?

In den 1960er-Jahren hatten Astronomen erkannt, dass Jupiter, Saturn, Uranus und Neptun so günstig stehen würden, dass sie alle von einer einzigen Sonde erreicht werden konnten.

Warum besuchte nur Voyager 2 Uranus und Neptun?

Die Bahn von Voyager 1 führte die Sonde zwar aus der Ebene hinaus, in der sich die Planeten um die Sonne bewegen. Dadurch aber konnte sie den Saturnmond Titan untersuchen und erste Daten über diese mysteriöse Welt liefern.

Warum mussten die Voyager-Sonden strahlengeschützt werden?

Beim Vorbeiflug an Jupiter waren die Voyager-Sonden extremer Strahlung ausgesetzt – mehr als dem 1000fachen der für Menschen tödlichen Dosis. Deswegen wurde beim Bau strahlenbeständiges Material verwendet und empfindliche Teile schirmte man noch einmal extra ab.

Obwohl Voyager 1 fast zwei Wochen später als Voyager 2 startete, trug sie ihren Namen zu Recht und erreichte Jupiter und Saturn als Erste.

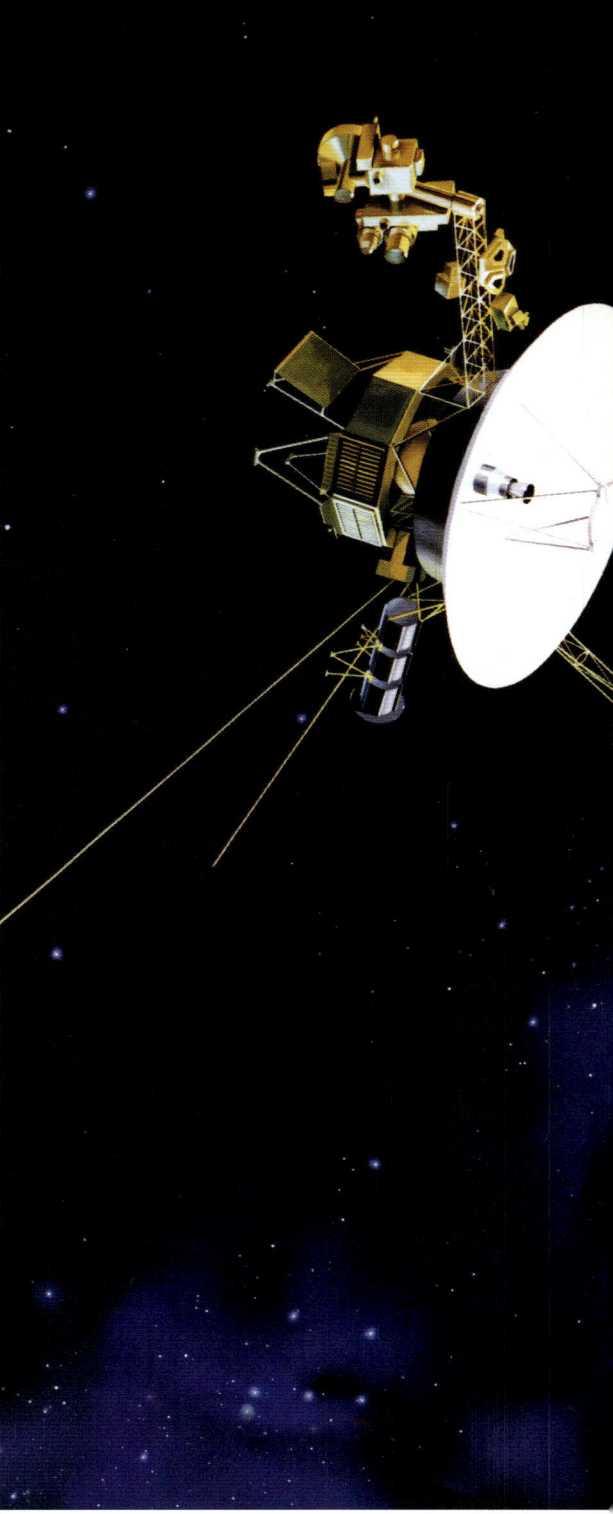

Voyager 1 war Mitte 2004 über 13,5 Milliarden Kilometer von der Erde entfernt, Voyager 2 rund 11 Milliarden Kilometer. Voyager 1 ist damit die am weitesten von der Erde entfernte Raumsonde. Die Sonden entfernen sich mit einer Geschwindigkeit von 15 bzw. 17 Kilometern pro Sekunde.

Wie weit sind die beiden Voyager-Sonden von uns entfernt?

Ja, beide Voyager-Sonden liefern noch Daten. Ihre Energie beziehen die Sonden aus einer Plutoniumzelle, die die Geräte noch bis etwa 2020 mit Strom versorgen dürfte. Bis dahin sind die Sonden noch zu steuern und können Daten zur Erde senden.

Senden die Voyager-Sonden noch Daten?

Die Wissenschaftler hoffen, dass zumindest eine der beiden Sonden den interstellaren Raum erreicht und damit die Region verlässt, die noch vom Sonnenwind beeinflusst wird. Dann sollten die Sonden auf Teilchen treffen, die von Sternexplosionen in der Nähe stammen.

Was sollen die Voyager-Sonden noch erforschen?

Beide Sonden haben eine Platte an Bord, auf der Bilder, Geräusche und Musikstücke enthalten sind, die möglichen Findern einen Eindruck von den Menschen auf der Erde vermitteln sollen.

Welche Botschaft für Außerirdische hat die Voyager-Sonde an Bord?

Die fast vier Meter große Hauptantenne und der lange Magnetometer-Ausleger verleihen den beiden Voyager-Sonden ein unverwechselbares Äußeres.

Auf der berühmten „Goldenen Schallplatte" der Voyager-Sonden sind neben menschlichen Stimmen auch Regengeräusche zu hören.

Wann wurde die erste Sonde zum Mars geschickt?

Schon drei Jahre, nachdem der erste Satellit erfolgreich in eine Erdumlaufbahn geschickt worden war, versuchten die Russen mit Sonden den Roten Planeten zu erreichen, was aber misslang. Die erste Sonde, die am Mars vorbeiflog, war Mariner 4, die 1964 Aufnahmen der kraterübersäten Oberfläche zur Erde funkte.

Wann kreiste eine Sonde zum ersten Mal um den Mars?

Die russischen Sonden „Mars 2" und „Mars 3" erreichten den Roten Planeten Ende 1971. Beide Sonden warfen auch je eine Landekapsel ab, die aber beide auf dem Planeten zerschellten und keine brauchbaren Ergebnisse sendeten. Etwa zur gleichen Zeit erreichte auch „Mariner 9" den Mars und sendete eine Vielzahl von Aufnahmen von der Marsoberfläche zur Erde. Die Mariner-Sonde war damit um einiges erfolgreicher als die russische Konkurrenz.

Fanden die Viking-Lander Lebensspuren auf dem Mars?

Ein Teil der Experimente an Bord der beiden 1976 auf dem Mars gelandeten Viking-Lander war die Suche nach möglichen Lebensformen. Alle Experimente konnten erfolgreich durchgeführt werden, trotzdem fand man in den zur Erde übermittelten Daten keinerlei Hinweise auf Leben auf dem Mars.

Eines der populärsten NASA-Projekte jüngerer Zeit, der Mars-Rover „Sojourner", demonstrierte beeindruckend die Vorteile einer radgestützten Planetenerkundung.

Auf den Mars Polar Lander wurden große Hoffnungen gesetzt, doch das Gerät wurde beim Eintritt in die Marsatmosphäre zerstört.

Die erfolgreiche Landung der beiden Viking-Sonden stellt einen der Höhepunkte der bisherigen Mars-Erforschung dar.

Der Lander 2 sandte bis 1980 Bilder von der Marsoberfläche zur Erde. Die letzten Daten vom Lander 1 wurden am 11. November 1982 empfangen.

Wie lange funktionierten die Viking-Lander?

Nach mehrjähriger Pause und diversen Fehlschlägen erreichte der Mars Pathfinder 1997 den Mars. Dabei wendete die NASA ein neues Landeverfahren an: Sie verpackte die Landeplattform in Airbags und ließ diese an einen Fallschirm landen. An Bord befand sich der kleine, rund zehn Kilogramm schwere Mars Rover Sojourner.

Was war der Mars Pathfinder?

Der Mars Pathfinder funktionierte deutlich länger, als man gehofft hatte: Die Landeeinheit funktionierte rund dreimal länger, der Rover zwölfmal so lange. Der Rover fuhr auf der Marsoberfläche umher, machte Aufnahmen und analysierte Steine. Insgesamt lieferte der Lander rund 16 500 Bilder, der Rover 550.

Welche Daten lieferte Mars Pathfinder?

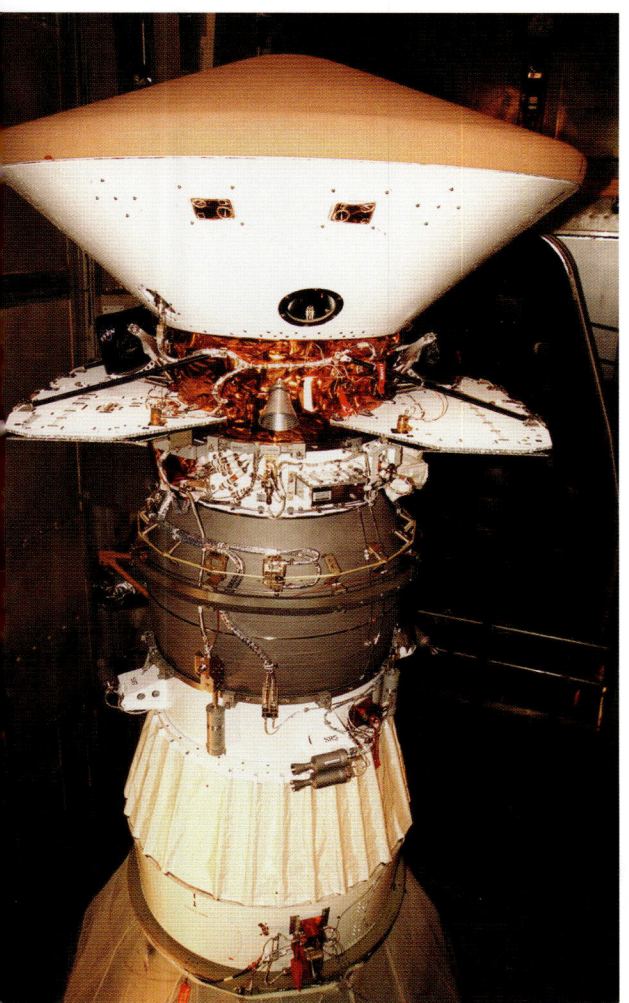

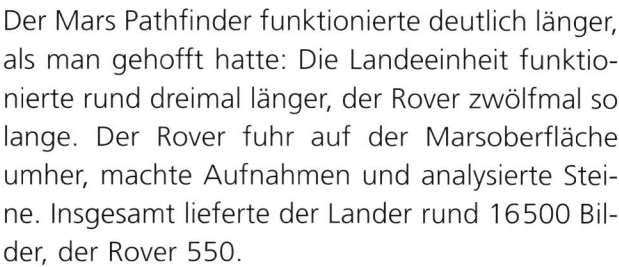

Die Sonde Mars Global Surveyor erreichte kurz nach dem Mars Pathfinder ihr Ziel und schwenkte in eine Umlaufbahn ein. Sie liefert bis heute Aufnahmen von der Marsoberfläche. Um Treibstoff zu sparen, probierte die NASA beim Global Surveyor erstmals ein neues Verfahren aus, um die endgültige Umlaufbahn zu erreichen. Statt die Sonde mit Triebwerken abzubremsen, streifte sie wiederholt die obere Marsatmosphäre, wodurch sich ihr Orbit langsam veränderte.

Was war das Besondere am Mars Global Surveyor?

Mit dem Mars Polar Lander wollte die NASA 1999 die Südpolarregion des Roten Planeten erkunden. Das Landegerät sollte wieder mit Hilfe von Düsen auf dem Mars aufsetzen, doch es kam dabei zu Problemen, und man bekam nach dem Eintritt in die Marsatmosphäre keinen Kontakt zum Lander. Er zerschellte vermutlich auf dem Mars.

Was wurde aus dem Mars Polar Lander?

Woran scheiterte der Mars Climate Orbiter?

Der Mars Climate Orbiter sollte der erste Wettersatellit sein, der einen anderen Planeten umrundet. Er erreichte den Mars am 23. September 1999. Am selben Tag riss der Kontakt zur Sonde ab. Es stellte sich heraus, dass die NASA beim Umrechnen von Einheiten Fehler gemacht hatte und der Kurs falsch berechnet worden war.

Was ist die 2001 Mars Odyssey?

Nach zwei gescheiterten Missionen zum Mars 1999 gelang der NASA mit der Mission „2001 Mars Odyssey" wieder ein Erfolg. Die Sonde erreichte im Oktober 2001 einen Marsorbit, um aus einer Umlaufbahn heraus die Oberflächenbeschaffenheit des Mars zu analysieren. Dabei hat die Sonde auch Hinweise für die Existenz von Wasser im Marsuntergrund gefunden.

Welche Rolle spielt die 2001 Mars Odyssey für künftige Mars-Missionen?

Die Sonde hat Instrumente an Bord, die die genaue Strahlenbelastung im Marsorbit messen, was wichtig für eine zukünftige bemannte Mars-Mission ist. Sie kann außerdem für andere Missionen als Vermittlungsstation für die Kommunikation mit der Erde eingesetzt werden.

Ein einfacher Umrechnungsfehler führte zum vollständigen Verlust des als Wettersatelliten gedachten Mars Climate Orbiter.

Wann startete die erste europäische Mars-Mission?

Die erste Mars-Mission mit europäischer Beteiligung war die russisch-europäische Mission „Mars 96", die bereits beim Start scheiterte. Besser erging es da der Sonde Mars Express, die den Mars im Dezember 2003 erreichte. Die Kameras liefern Aufnahmen von der Marsoberfläche in einer bislang unerreichten Qualität.

Was ist der Beagle 2?

Der Beagle 2 ist ein kleines Landegerät, das mit der europäischen Sonde Mars Express zum Mars flog. Es sollte durch Airbags geschützt an Fallschirmen auf dem Mars landen und Bodenuntersuchungen durchführen. Nach dem Eintritt in die Marsatmosphäre zerschellte der Beagle 2 aber vermutlich auf der Planetenoberfläche.

„Mars Express" gelang es trotz seiner modernen Instrumente nicht, den Lander Beagle 2 nach dessen Eintritt in die Marsatmosphäre zu orten.

Unterschiedliche Lichtverhältnisse lassen Farben ganz verschieden erscheinen. Das ist auch auf dem Mars so. Doch wie soll man auf der Erde wissen, wie die Farben auf dem Mars genau aussehen, wenn man sie nur von Fotos kennt? Die Mars Rover haben aus diesem Grund eine kleine Farbtafel dabei. So können die Forscher vergleichen, wie sich die Farben der Farbtafel auf dem Mars vom Original unterscheiden, und die Mars-Bilder entsprechend korrigieren.

Spirit und Opportunity sind zwei Mars Rover, die Anfang 2004 auf dem Mars landeten und den Planeten über ein halbes Jahr lang erkundeten. Es handelt sich bei ihnen um kleine mobile Feldgeologen, die Gesteine und Bodenproben analysieren können.

Was sind Spirit und Opportunity?

Die NASA plant im August 2005 den Mars Reconnaissance Orbiter zu starten. Er soll unter anderem über die leistungsfähigste Kamera verfügen, die je zu einem anderen Planeten geschickt wurde, und nach weiteren Hinweisen auf Wasservorkommen fahnden.

Welche Mars-Mission ist für 2005 geplant?

Die NASA denkt unter anderem über ein Gerät nach, das die Nordpolarregion des Mars erforschen soll und über ein bewegliches Laboratorium verfügt, das über eine lange Zeit Forschungen auf dem Mars ermöglicht. Bei dieser Mission würden auch Verfahren für eine sichere Landung in schwierigem Gelände erprobt werden.

Welche weiteren Missionen sind geplant?

Die beste Möglichkeit, Gesteinsproben vom Mars zu untersuchen, hat man natürlich auf der Erde. Deswegen denkt man bei der NASA darüber nach, eine Mission zum Mars zu schicken, die Gesteinsproben sammeln und zur Erde zurückschicken soll. Das wäre auch eine wichtige Vorbereitung für eine bemannte Mars-Mission. Die NASA rechnet aber nicht vor 2014 mit dem Start eines solchen Unternehmens.

Ist eine Mission geplant, bei der Gesteinsproben vom Mars zur Erde gebracht werden sollen?

Für eine bemannte Mission zum Mars muss man den Planeten noch viel besser mit unbemannten Sonden erforschen. Man muss Wasservorkommen finden, die Astronauten als Trinkwasserquelle nutzen könnten, und andere Rohstoffe ausfindig machen, aus denen man eventuell Treibstoff für die Rückreise vor Ort produzieren kann.

Was sind die Voraussetzungen für eine bemannte Mars-Mission?

Zwischen 2006 und 2008 soll die Sonde „Mars Reconnaissance Orbiter" weite Teile des roten Planeten aus dem Orbit heraus untersuchen.

Wann wurde Galileo gestartet?

Die Reise der Jupiter-Sonde Galileo zum Jupiter begann am 18. Oktober 1989. Sie erreichte den Jupiter im Dezember 1995 und begann mit einer fast achtjährigen Mission zur Erforschung des Gasriesen und seiner Monde.

Wie erforschte Galileo die Atmosphäre des Jupiter?

Galileo hatte eine kleine Sonde an Bord, die fünf Monate vor der Ankunft abgetrennt wurde und allein zum Jupiter weiterflog. Sie erreichte die Jupiteratmosphäre Anfang Dezember 1995 und drang 200 Kilometer tief in die Atmosphäre ein, bevor sie zerstört wurde.

Was erforschte Galileo im Jupiter-System?

Galileo umrundete von 1995 bis 2003 den Jupiter und konnte dabei sowohl den Gasplaneten selbst als auch viele seiner Monde untersuchen. An manchen Monden flog Galileo in nur wenigen hundert Kilometern Abstand vorüber.

Warum wurde die Galileo-Mission mehrfach verlängert?

Ursprünglich sollte die Mission nur zwei Jahre dauern. Sie wurde mehrmals verlängert, um die Jupitermonde Europa und Io zu studieren und noch einmal, um zusammen mit der Saturn-Sonde Cassini, die Jupiter Ende 2000 passierte, weitere Aufnahmen des Gasplaneten zu machen.

1989 verließ das Space Shuttle Atlantis mit der Raumsonde Galileo an Bord die Erde.

Über 17 Nationen beteiligten sich an der Entwicklung von Cassini-Huygens. Die Sonde soll wichtige Erkenntnisse über die Oberfläche des Saturnmondes Titan liefern.

Einen Teil seiner Aufgaben hat der Orbiter Cassini bereits erfüllt. 2002 lieferte er weitere Beweise für die Gültigkeit von Einsteins allgemeiner Relativitätstheorie.

Warum wurde Galileo in den Jupiter gestürzt?

Am 21. September 2003 flog Galileo in die Jupiteratmosphäre, wo sie vollkommen zerstört wurde. Man hatte sich für dieses Ende entschieden, um eine der Entdeckungen von Galileo vor einer möglichen Verschmutzung zu bewahren: Die Sonde hatte Hinweise darauf gefunden, dass unter der Oberfläche des Mondes Europa ein Ozean existieren könnte. Da die Sonde nach dem Ende der Mission auf Europa hätte stürzen können, hätte sie diesen Ozean eventuell mit irdischen Bakterien verschmutzt.

Was ist Cassini-Huygens?

Cassini-Huygens ist der Name einer europäisch-amerikanischen Mission zum Saturn. Sie wurde am 15. Oktober 1997 gestartet und erreichte den Ringplaneten im Juli 2004. Die Mission ist auf vier Jahre ausgelegt. In dieser Zeit soll die Sonde den Saturn 74-mal umrunden und 44-mal an dem Saturnmond Titan sowie an diversen anderen Monden vorbeifliegen .

Was ist Huygens?

Huygens ist der Beitrag der Europäischen Weltraumorganisation ESA zu dieser Mission. Es handelt sich um einen kleinen Lander, der mit der Cassini-Sonde zum Saturn gereist ist. Er soll 2005 auf Titan landen.

ZUKUNFT

Schon bald nachdem der erste Mensch den Mond betreten hatte, träumten viele vom nächsten Schritt: vom ersten Besuch auf einem anderen Planeten. Eine bemannte Mission zum Mars wird derzeit in Amerika und Europa ernsthaft erwogen und könnte innerhalb der nächsten Jahrzehnte Wirklichkeit werden. Doch zuerst will man auf den Mond zurückkehren und diesmal auch bleiben. Derweil sucht man nach fernen Welten um andere Sonnen und hat schon weit über 100 dieser extrasolaren Planeten aufgespürt. Eine zweite Erde war bislang nicht darunter – doch das könnte sich vielleicht schon in der nahen Zukunft ändern.

Warum denkt man über Siedlungen auf dem Mond nach?

Zurzeit ist der Mond als „Zwischenstation" für andere Weltraummissionen im Gespräch. Technologien, wie man sie für eine Mission zum Mars braucht, könnten auf dem Mond unter optimalen Bedingungen getestet werden.

Warum macht Sport auf dem Mond mehr Spaß?

Wegen der geringeren Anziehungskraft des Mondes wiegt ein erwachsener Mensch auf dem Mond nur zwischen 10 und 15 Kilogramm. Man kann also deutlich höhere Sprünge machen – eine gute Grundlage für völlig neue Ballspiele.

Wann wird es die erste Mondkolonie geben?

Sehr optimistische Wissenschaftler glauben, dass schon in weniger als 20 Jahren ein permanenter Außenposten auf dem Mond existiert. Danach wäre der Bau einer Kolonie nicht mehr fern.

Was ist das Hauptproblem bei der Mondbesiedlung?

Zunächst muss geklärt werden, ob es auf dem Mond wirklich Wasser gibt. Daten deuten zwar darauf hin, dass es an den Polen des Mondes Wasser geben könnte, doch sicher ist das nicht.

Warum ist die Existenz von Wasser wichtig?

Gibt es kein Wasser auf dem Mond, muss man es von der Erde importieren, und dies ist extrem teuer: Der Transport würde pro Liter mehrere tausend Dollar kosten.

Bis der Aufbau einer permanenten Station auf dem Mond abgeschlossen ist, dient die Raumkapsel den Astronauten als Unterschlupf.

Einschlagskrater von Meteoriten bieten nahezu ideale Voraussetzungen für den Aufbau einer großen Basis auf dem Mond.

Nach aktuellen Theorien ist der Mond durch eine gewaltige Kollision der Erde mit einem marsgroßen Objekt entstanden. Deswegen könnten sich unter der Mondoberfläche wichtige Rohstoffe wie Eisen, Aluminium und das auf der Erde so seltene Titan verbergen.

Warum könnte sich die Besiedlung des Mondes auch für die Industrie lohnen?

Große Radioteleskope auf der von der Erde abgewandten Seite des Mondes würden es Astronomen erlauben, Beobachtungen zu machen, die von der Erde aus nicht möglich sind: Keine Fernseh- oder Radioübertragungen würden ihre Beobachtungen stören.

Warum ist der Mond für Astronomen interessant?

Auf dem Mond sollte es theoretisch alles geben, was man für den Bau von Solarzellen benötigt. So könnte man auf oder rund um den Mond riesige Solarzellen-Anlagen installieren und die dort gewonnene Energie mit Hilfe von Laserstrahlen zur Erde schicken. So könnte man auch Regionen mit Strom versorgen, in denen es bis heute kaum Kraftwerke gibt.

Kann der Mond den Energiebedarf der Erde decken?

Menschen müssen auf dem Mond unter Umweltbedingungen leben, die sich immer deutlich von denen auf der Erde unterscheiden werden. Ein Problem dürfte beispielsweise die geringere Anziehungskraft auf dem Mond sein. Man weiß bis heute nicht, welche Auswirkungen dies auf Kinder in der Wachstumsphase hat und ob sich beispielsweise der Knochenbau genauso entwickeln würde wie bei Kindern, die auf der Erde aufwachsen.

Welche Probleme sind bei einer Besiedelung des Mondes zu erwarten?

Nein. Wenn man auf dem Mond herumlaufen will, muss man immer einen Raumanzug tragen. Natürlich könnte man riesige überdachte Bereiche schaffen, in denen eine erdähnliche Atmosphäre herrscht.

Wird man ohne Raumanzug auf dem Mond herumlaufen können?

Wird die erste Landung auf dem Mars der Mondlandung ähneln?

Bei der Mondlandung hatten die Astronauten alles Nötige an Bord ihrer Landefähre. Da man auf dem Mars aber länger bleiben will, muss man mehr Vorräte mitnehmen. Es ist daher wahrscheinlich, dass große Teile der Ausrüstung schon vorher unbemannt zum Mars geschickt werden.

Wie lange wird eine Mars-Mission dauern?

Nur etwa alle 460 Tage stehen Erde und Mars so günstig, dass man auf dem schnellsten Weg hin- und zurückkreisen kann, was eine Aufenthaltsdauer von einem Jahr auf dem Mars erfordern würde. Es gibt aber Szenarien, bei denen man nur einige Woche auf dem Mars bleibt.

Wird man alle Vorräte mitnehmen?

Nein, das wäre viel zu aufwändig. Damit die erste bemannte Marsmission ein Erfolg wird, muss man Möglichkeiten entwickeln, um aus auf dem Mars vorhandenen Rohstoffen alle Dinge herzustellen die man später benötigt, vor allem Wasser, Sauerstoff und Treibstoff.

Wo werden die Astronauten wohnen?

Die ersten Pläne sehen vor, dass sie in dem Raumschiff wohnen, in dem sie auch zum Mars gereist sind: Es ist ein Zylinder mit einer Höhe von 7,5 Metern und einem Durchmesser von 6 Metern, der zwei Etagen hat.

Nach mehreren Monaten erreicht zum ersten Mal ein bemanntes Raumschiff den Roten Planeten. An Bord müssen alle Nahrungs- und Treibstoffvorräte für einen mehrmonatigen Aufenthalt und den Rückflug zur Erde mitgeführt werden.

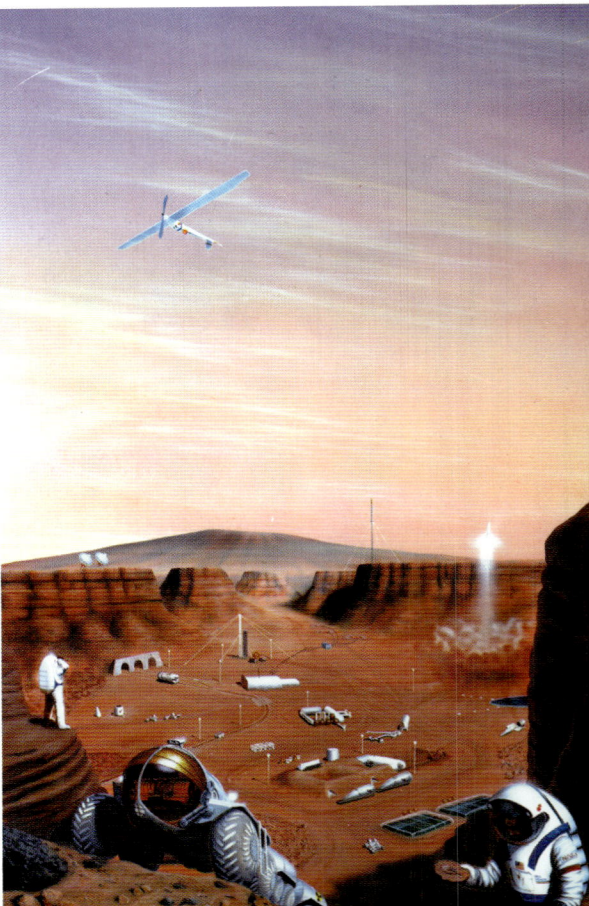

Nach dem Aufbau einer permanenten Raumstation nehmen die Bewohner ihre Arbeit auf und suchen nach Rohstoffen für die Treibstoff- und Atemluftgewinnung.

In riesigen Transport-behältern werden die ge-wonnenen Rohstoffe zur Weiterverarbeitung in den Marsorbit transportiert.

Was passiert, wenn es Probleme mit der Rückkehr gibt?

Man überlegt, eine zweite Fähre zum Wiederaufstieg in einen Marsorbit und auch ein Ersatzraumschiff für die Rückkehr zur Erde zum Mars zu schicken. Dieses würde etwa zwei Monate später als das erste eintreffen.

Warum eignet sich der Mars überhaupt zur Besiedlung?

Der Mars ähnelt in mancherlei Hinsicht unserer Erde: So sind beispielsweise die Tage auf dem Mars ähnlich lang wie die Tage auf der Erde. Die Neigung der Drehachse des Mars sorgt für Jahreszeiten. Allerdings ist es auf dem Mars mit einer Durchschnittstemperatur von unter -60° Celsius deutlich kälter.

Der Mars wird der Erde nie gleichen: Am größeren Abstand des Mars von der Sonne und an der geringeren Schwerkraft kann man nichts ändern. Allerdings gibt es Wissenschaftler, die sich mit der Möglichkeit des Terraforming befassen, bei der aus einem unbewohnbaren Planeten ein für Menschen wohnlicher Planet werden soll.

Der erste Schritt beim Terraforming wäre die Erhöhung der Temperatur auf dem Mars. Dazu könnte man beispielsweise auf dem roten Planeten Fabriken errichten, in denen Gase produziert werden, die für einen Treibhauseffekt sorgen, durch den sich Atmosphäre langsam aufheizt.

Wissenschaftler schätzen, dass das Terraforming des Mars – wenn es denn überhaupt so reibungslos funktioniert, wie man es sich bislang vorstellt – viele Jahrtausende dauern würde.

Kann man den Mars zu einer zweiten Erde machen?

Wie funktioniert Terraforming?

Wie lange würde ein Terraforming des Mars dauern?

Gibt es eine galaktische Höchstgeschwindigkeit?

Ja. Alles deutet darauf hin, dass sich nichts schneller bewegen kann als das Licht. Das ist ein wesentlicher Bestandteil der Relativitätstheorie von Albert Einstein, und bislang hat noch kein Experiment diese Theorie widerlegen können.

Kann man wenigstens so schnell fliegen wie das Licht?

Auch dies wird nicht möglich sein. Allerdings könnte man der Lichtgeschwindigkeit sehr nahe kommen, wenn man bereit wäre, dafür gewaltige Mengen an Energie aufzuwenden.

Warum ist Überlichtgeschwindigkeit problematisch?

Wenn sich etwas mit Überlichtgeschwindigkeit bewegen würde, wäre es eher an einem Ort als sein Bild. Ein überlichtschnelles Raumschiff wäre damit praktisch unsichtbar, und Probleme aller Art wären die Folge.

Werden wir einmal zu anderen Sternen reisen?

Irgendwann sicher, die Menschen haben schon immer das Unbekannte erforschen wollen. Doch bis es soweit ist, werden noch einige Jahrhunderte vergehen: Bereits das Alpha-Centauri-System ist über vier Lichtjahre entfernt. Selbst bei einer Geschwindigkeit von 250000 Kilometern pro Stunde würde die Reise 18000 Jahre dauern.

Reisen zu anderen Sternen würden den Bau eines riesigen so genannten „Generationenraumschiffs" erforderlich machen. In ihm müssten mehrere Generationen von Menschen mehrere Jahrhunderte verbringen, ehe sie schließlich den uns am nächsten gelegenen Stern Proxima Centauri erreichten.

Bis heute hat es die Menschheit gerade mal geschafft, einen ständigen Außenposten im Erdorbit zu errichten: die Internationale Raumstation ISS. Doch die ISS ist von der Erde abhängig. Um längere Reisen ins All zu unternehmen, bedarf es erst einmal unabhängiger Stationen.

Welche Schritte sind für eine Reise zu anderen Sternen notwendig?

Es gab Studien in den 1970er Jahren über riesige Raumstationen, oder auch Habitate, im Orbit um Erde, Mond oder Mars, in denen mehrere tausend Menschen leben sollten.

Plante die NASA Kolonien im All?

Nein. Nach den Planungen sollten diese Habitate aus riesigen Zylindern bestehen, die sich um ihre Längsachsen drehen, wodurch Schwerkraft simuliert würde. An den Innenwänden hätten sich dann die erdähnlichen Lebensräume befunden.

Würde in solchen Kolonien Schwerelosigkeit herrschen?

Das erste Raumschiff, das das Sonnensystem verlässt, um einen fernen Planeten um eine andere Sonne zu erreichen, dürfte riesig sein, da eine große Zahl von Menschen hier für mehrere Jahrhunderte leben müssten. Es würde vielleicht einer von der Erde unabhängigen Kolonie ähneln.

Wie würden die ersten bemannten Raumschiffe aussehen, die das Sonnensystem verlassen?

Ob es in der Nähe des Systems einen Planeten gibt, auf dem die Besatzung des Raumschiffes ähnlich wie auf der Erde überleben könnte, bliebe bis zum letzten Moment fraglich. Doch die Wahrscheinlichkeit dürfte eher gering sein.

Um auf einer Raumstation künstliche Schwerkraft zu erzeugen, muss sie in Rotation versetzt werden. Dabei entsteht Fliehkraft, die alles im Inneren an die Außenwand zieht.

Was ist 51 Pegasi?

Im Oktober 1995 gaben Genfer Astronomen die Entdeckung eines Planeten um den Stern 51 Pegasi bekannt. Es war der erste Planet, den man um einen anderen Stern entdeckt hat.

Konnte man den Planeten um 51 Pegasi direkt beobachten?

Nein. Auf die meisten extrasolaren Planeten kann man nur indirekt schließen: Wenn ein Planet einen Stern umrundet, verursacht er Schwerkraftschwankungen, die sich mithilfe hoch entwickelter Geräte auf der Erde messen lassen.

Hat man schon eine zweite Erde gefunden?

Mit der bisherigen Technik lassen sich nur Planeten aufspüren, die mindestens die Größe des Saturn haben und in geringem Abstand um ihr Zentralgestirn laufen. Deshalb konnte bisher noch kein Planet entdeckt werden, der Ähnlichkeit mit der Erde aufweist.

Hat man auch schon Sterne mit mehreren Planeten gefunden?

Im Jahr 2001 entdeckten Astronomen um den Stern 47 Ursae Majoris einen zweiten Planeten. Zum ersten Mal wurde damit ein Planetensystem entdeckt, bei dem mindestens zwei Planeten ihre Sonne auf nahezu kreisförmigen Bahnen umrunden – wie sonst nur in unserem eigenem Sonnensystem.

In dieser Region des Orionnebels werden besonders viele Planetensysteme vermutet. Sie liegt etwa 1500 Lichtjahre von der Erde entfernt.

Für das Jahr 2014 plant die NASA den Start des Terrestrial Planet Finder. Er soll das Weltall nach erdähnlichen Planeten absuchen.

Dass es auch in anderen Sonnensystemen Planeten gibt, gilt inzwischen als bewiesen. Allerdings konnten die Forscher bisher nur Planeten nachweisen, die in etwa die Größe des Jupiter haben.

Astronomen haben Simulationen des Systems durchgeführt, die die Bahnen der beiden bekannten Planeten berücksichtigen. Nach ihrer Ansicht gibt es um 47 Ursae Majoris eine Zone, in der sich ein erdähnlicher Planet befinden könnte.

Könnte es um 47 Ursae Majoris einen bewohnten Planeten geben?

Bis Juli 2004 hat man insgesamt 123 Planeten um sonnenähnliche Sterne entdeckt, 12 davon in Mehrfachsystemen. Hinzu kommen noch zwei Planeten, die man um so genannte Pulsare, sich drehende Neutronensterne, aufgespürt hat.

Wie viele extrasolare Planeten sind bis heute entdeckt worden?

Der uns nächste Stern mit entdeckten Planeten ist Epsilon Eridiani. Er liegt etwas mehr als 10 Lichtjahre von der Erde entfernt. Der Planet hat in etwa die Größe des Jupiter und kreist in knapp sieben Jahren einmal um sein Zentralgestirn.

Wie weit ist der nächstgelegene extrasolare Planet entfernt?

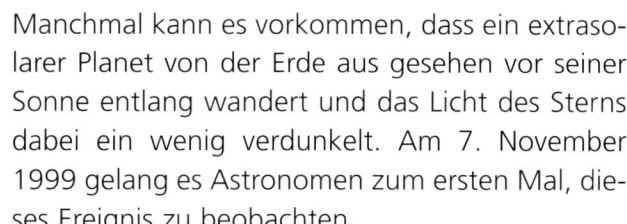

Manchmal kann es vorkommen, dass ein extrasolarer Planet von der Erde aus gesehen vor seiner Sonne entlang wandert und das Licht des Sterns dabei ein wenig verdunkelt. Am 7. November 1999 gelang es Astronomen zum ersten Mal, dieses Ereignis zu beobachten.

Hat man extrasolare Planeten auch schon direkt beobachtet?

Der „Terrestrial Planet Finder" ist eine geplante Mission der NASA, die nach erdähnlichen Planeten in einem Umkreis von 45 Lichtjahren suchen soll. Die Mission soll bereits im nächsten Jahrzehnt gestartet werden. Die ESA plant mit „Darwin" eine ähnliche Mission.

Was ist der „Terrestrial Planet Finder"?

Planeten leuchten nicht selbst und umrunden einen hell leuchtenden Stern, wodurch sie kaum auszumachen sind. Außerdem befinden sich Planeten relativ dicht an ihrer jeweiligen Sonne, sodass ein Teleskop eine ungeheuer große Auflösung haben muss, um sie zu entdecken.

Warum ist es so schwer, Planeten um andere Sonnen zu entdecken?

Wofür steht die Abkürzung SETI?

Die Abkürzung SETI steht für „Search for Extraterrestrial Intelligence". Unter diesem Begriff sind Projekte zusammengefasst, mit deren Hilfe nach Signalen von außerirdischen intelligenten Lebewesen gefahndet werden soll.

Wann wurde erstmals nach Signalen von Außerirdischen gesucht?

Wissenschaftler befassten sich erstmals im Jahr 1959 mit der Möglichkeit, Signale außerirdischer Intelligenzen zu empfangen. Bereits ein Jahr später wurde dann mithilfe eines Radioteleskops auch der erste praktische Versuch unternommen. Aufgrund von Geldmangel konnte aber immer nur kurze Zeit „gelauscht" werden.

Was hat SETI mit E.T. zu tun?

Die amerikanische Weltraumbehörde NASA gab nie viel Geld für die SETI-Forschung aus. Im Jahr 1982 hatte der Regisseur Steven Spielberg einen großen Hollywood-Erfolg mit dem Film „E.T – Der Außerirdische". Er stellte dem SETI-Projekt aus den Erlösen 100000 Dollar zur Verfügung, um nach real existierenden Außerirdischen zu suchen.

Für den Empfang von Signalen aus dem Weltraum sind große Empfangsanlagen erforderlich. Der Mond bietet für den Bau solcher Anlagen ideale Voraussetzungen.

Kann jeder bei der Suche nach E.T. mithelfen?

Ja. Im Rahmen des Projektes SETI@home kann sich jeder über das Internet Daten des Radioteleskops in Arecibo auf seinen Computer laden. Wenn man den Computer nicht benutzt, verarbeitet das Programm diese Daten im Hintergrund und sucht nach verdächtigen Mustern. Die ausgewerteten Ergebnisse sendet das Programm dann an die Wissenschaftler zurück.

Was war das „Wow!"-Signal?

Auch am 15. August 1977 wurde der Himmel mit Hilfe eines Radioteleskops nach Signalen Außerirdischer abgesucht. Ein Forscher erkannte in den Daten ein künstliches Signal und notierte „Wow!" daneben. Dieses Signal wiederholte sich jedoch nicht, und man geht heute davon aus, dass es sich um einen Satelliten handelte, von dem die SETI-Forscher nichts wussten.

Bilder wie diese haben den Glauben mancher an den Besuch Außerirdischer auf der Erde immer wieder beflügelt. Forscher zweifeln die Echtheit der Aufnahmen an.

Die Suche nach Botschaften von anderen intelligenten Lebewesen konzentriert sich mit wenigen Ausnahmen auf das Fahnden nach einem verdächtigen Radiosignal. Astronomen glauben, dass sich Radiosignale am ehesten eignen, um eine Botschaft über weite Strecken zu übermitteln. Sie reisen mit Lichtgeschwindigkeit, können aber im Gegensatz zu Lichtwellen auch dichte Staubwolken durchdringen, die ein direktes Beobachten vieler Sterne unmöglich machen.

Ob die Menschheit eine Botschaft aus dem All überhaupt verstehen würde, bleibt fraglich.

Anfang der 1960er Jahre traf sich eine Reihe von Wissenschaftlern und Ingenieuren zu einer Konferenz, um die Möglichkeiten der Kommunikation mit anderen intelligenten Lebewesen zu diskutieren. Um darzustellen, welche Aspekte wichtig sind, um die Anzahl von bewohnten Planeten mit intelligenten Lebewesen abzuschätzen, stellte Frank Drake eine einfache Formel auf, die inzwischen „Drake-Gleichung" genannt wird.

Was ist die Drake-Gleichung?

Wenn man abschätzen will, mit wie vielen Planeten wir heute Kontakt aufnehmen könnten, muss man natürlich zunächst wissen, wie viele Planeten es gibt. Diese müssen sich in einer bewohnbaren Zone um ihre Sonne befinden, und es muss sich auf ihnen intelligentes Leben entwickelt haben, das in der Lage ist, Signale ins All zu senden und zu empfangen.

Was geht alles in die Drake-Gleichung ein?

Wasser ist der Grundbaustein allen Lebens. Deswegen geht man davon aus, dass auf einem Planeten, auf dem sich Leben entwickelt hat, flüssiges Wasser vorhanden sein muss. Den Bereich um jeden Stern, in dem Temperaturen herrschen, in denen die Existenz von flüssigem Wasser möglich ist, nennt man daher die bewohnbare Zone.

Was ist die bewohnbare Zone?

Die bewohnbare Zone in unserem Sonnensystem umfasst etwa den Bereich zwischen der Venus und der Marsbahn. Die Erde liegt also genau in dieser Zone.

Wie groß ist die bewohnbare Zone unseres Sonnensystems?

Weil die Wahrscheinlichkeit sehr gering ist: Denn dass sich in unserer Nähe eine Zivilisation entwickelt hat, reicht nicht. Sie muss auch heute über etwa die gleichen technischen Fähigkeiten verfügen wie wir: Hätten uns Außerirdische vor 100 Jahren angefunkt, hätte es beispielsweise niemand wahrgenommen.

Warum glauben so viele Astronomen, dass man nie ein Signal von Außerirdischen empfangen wird?

Was ist optisches SETI?

Optisches SETI ist ein Projekt, bei dem nach Licht-signalen von Außerirdischen gesucht werden soll. Bislang wurde nur nach Radiosignalen gefahndet.

Haben uns Außerirdische schon einmal besucht?

Es gibt dafür keinen zuverlässigen Hinweis, genausowenig wie für die Beobachtung eines außerirdischen Flugobjekts oder gar eine Begeg-nung mit Außerirdischen.

Ist in Roswell nicht ein Ufo abgestürzt?

Einige Menschen sind davon überzeugt, dass im Jahr 1947 in der Nähe des amerikanischen Städt-chens Roswell ein Ufo abgestürzt ist. Die US-Luft-waffe hat inzwischen einen Bericht veröffentlicht, nach dem damals ein Testballon abgestürzt ist.

Warum glauben so viele Men-schen an Ufos?

Viele Leuchtphänomene, die man am Himmel beobachten kann, lassen sich nicht eindeutig erklären, und nicht selten scheint ein Ufo die einzig mögliche Erklärung dafür zu sein.

Hat man schon einmal eine Bot-schaft ins All gesendet?

Im Jahr 1974 haben Radioastronomen eine kurze Botschaft zum Kugelsternhaufen M13 geschickt. Mit einer Antwort ist aber frühestens in 50000 Jahren zu rechnen.

Bei diesem Objekt handelt es sich nicht um eine fliegende Untertasse, sondern den Vakuumtank des Lewis Research Center in Cleveland, Ohio.

1967 entdeckte Jocelyn Bell seltsame Signale aus dem All, von denen niemand wusste, um was genau es sich handelte. Später stellte sich heraus, dass Bell einen Pulsar entdeckt hatte.

Worum handelte es sich bei dem Signal, das 1967 entdeckt wurde?

Man weiß es nicht, da man bislang noch kein außerirdisches Leben entdeckt hat. Bislang vermuten Forscher aber, dass auch Leben auf anderen Planeten flüssiges Wasser als Grundlage benötigt und sich aus primitiven Bakterien im Wasser gebildet haben dürfte.

Wie würde außerirdisches Leben aussehen?

Manche Wissenschaftler suchen nach Leben in den unwirtlichsten Regionen der Erde: So hat man schon Bakterien im Eis der Antarktis gefunden oder in heißen vulkanischen Quellen. Wenn man versteht, wie sich Leben anpassen kann und unter extremen Bedingungen entwickelt, kann man auch auf anderen Planeten besser nach Lebensspuren fahnden.

Warum beginnt die Suche nach außerirdischem Leben auf der Erde?

Die Anziehungskraft auf anderen Planeten wird größer oder kleiner sein, sodass auch die Lebewesen anders aussehen werden. Vielleicht spielt sich das Leben auch nur in den Wolken ab.

Wird Leben anderswo ganz anders aussehen?

Selbst wenn eines Tages Kontakt mit einer außerirdischen Lebensform hergestellt werden könnte, wäre eine Kommunikation nur über weite Entfernungen hinweg möglich. Zu groß wäre die Gefahr, sich mit unbekannten Krankheiten zu infizieren.

Im Jahr 1974 wurde vom Arecibo-Teleskop in Puerto Rico aus erstmals eine Botschaft zu einem anderen Sternensystem versandt. Ihr Ziel war der Kugelsternhaufen M13 im Sternbild Herkules.

Was ist eine Dimension?

Die Welt, in der wir leben, hat drei Dimensionen: Wir können uns vor und zurück, nach links oder auch nach rechts sowie nach oben und unten bewegen. Ein Blatt Papier dagegen hat nur zwei Dimensionen: Um einen Punkt auf diesem Blatt Papier zu beschreiben, genügt es, den Abstand vom linken und vom unteren Rand anzugeben.

Was ist die vierte Dimension?

Albert Einstein hat die Zeit als vierte Dimension eingeführt. In seiner Relativitätstheorie bilden Raum und Zeit eine Einheit, die so genannte Raumzeit.

Gibt es noch mehr als vier Dimensionen?

Einige Theorien über die Entstehung des Universums und die Kräfte, die in ihm wirken, benötigen elf oder mehr Dimensionen, um unser Weltall zu beschreiben. Allerdings haben diese zusätzlichen Dimensionen für uns keine direkten Auswirkungen. Als dreidimensionale Lebewesen können wir nur drei Dimensionen wahrnehmen.

Gibt es parallele Universen?

Einige Wissenschaftler glauben, dass unser Universum nur eines unter vielen im elfdimensionalen Raum ist. Manche spekulieren sogar, dass der Urknall auf das Zusammenstoßen zweier Universen zurückzuführen ist.

Wurmlöcher könnten Reisen durch das Universum enorm verkürzen. In ihnen werden die Gesetze von Raum und Zeit aufgehoben, sodass sich selbst riesige Entfernungen in kürzester Zeit überbrücken lassen. Bisher existieren sie jedoch nur in der Theorie.

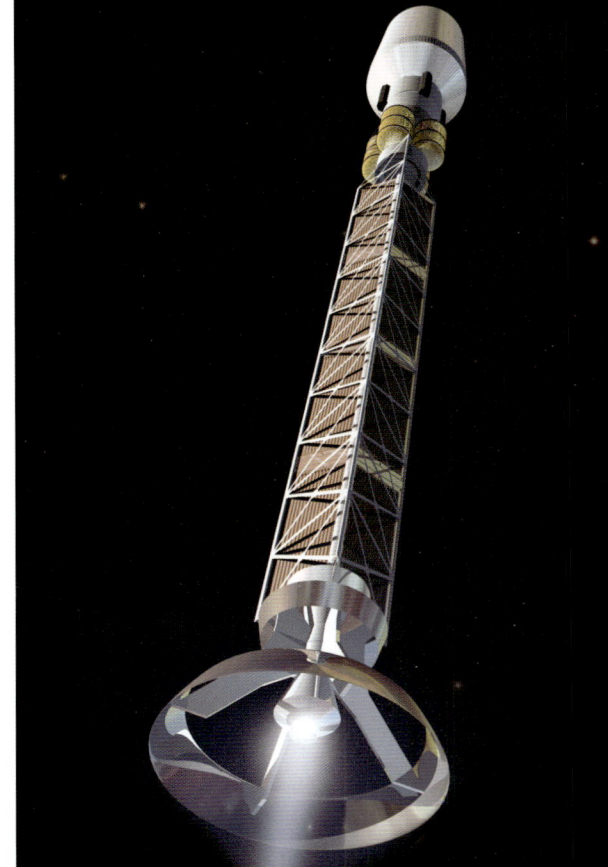

Der Warpantrieb könnte ebenfalls dazu beitragen, leichter durch das Universum zu reisen. Er krümmt die Zeit um das Raumschiff und bringt es so schneller zum Ziel. Doch diese Studie der NASA für das Jahr 2040 ist bisher reine Theroie.

Was am Ende eines solchen Wurmlochs liegt, steht im wahrsten Sinne des Wortes in den Sternen.

Was sind Wurmlöcher?

Wurmlöcher verbinden zwei entfernt liegende Regionen des Alls oder besser: zwei verschiedene Bereiche der Raumzeit. Ihre Existenz kann man aus Einsteins Relativitätstheorie ableiten, was allerdings noch lange nicht bedeuten muss, dass sie auch tatsächlich vorhanden sind.

Kann man Wurmlöcher zum Reisen verwenden?

Amerikanische Astronomen haben berechnet, dass – selbst wenn es im Universum stabile Wurmlöcher geben sollte – sie nicht groß genug sein können, um ein Raumschiff hindurchfliegen zu lassen.

Zurzeit zieht kein Wissenschaftler ernsthaft die Möglichkeit in Betracht, dass der Raum so gekrümmt werden könnte (warp ist das englische Wort für verformen), dass man auf diese Weise mit Überlichtgeschwindigkeit reisen könnte.

Normale Materie besteht aus positiv geladenen Protonen und negativen Elektronen. Antimaterie besteht nun aus Elementarteilchen, die dieselben Eigenschaften haben wie die normaler Materie, aber eine genau entgegengesetzte elektrische Ladung besitzen.

Wenn Antimaterie und normale Materie aufeinander treffen löschen sie sich gegenseitig aus. In unserem Universum gibt es daher vermutlich keine größeren Mengen von Antimaterie. Man kann sie aber herstellen: So gelang es 1970 erstmals, ein Anti-Wasserstoffatom zu erzeugen.

Wird es einmal einen Warp-Antrieb wie auf der Enterprise geben?

Was ist Antimaterie?

Wo gibt es Antimaterie?

Bildquellen: DLR (3), ESA (12), ESO (1), MEV (8), Miles Kelly Art Library (22), NASA (105), Photodisc (6),
Scaled Composites (1), STScI (15); Covermotive: dpa (2), Getty (1)